国家出版基金项目
NATIONAL PUBLICATION FOUNDATION

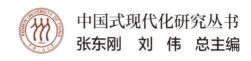

中国式现代化研究丛书

张东刚　刘　伟　总主编

社会主义现代化
新征程中的意识形态安全

王　易等　著

中国人民大学出版社
·北京·

图书在版编目（CIP）数据

社会主义现代化新征程中的意识形态安全/王易等
著. -- 北京：中国人民大学出版社，2024.10.
（中国式现代化研究丛书/张东刚，刘伟总主编）.
ISBN 978-7-300-33371-7

Ⅰ. D616；B036；D631

中国国家版本馆 CIP 数据核字第 20240C1E72 号

国家出版基金项目
中国式现代化研究丛书
张东刚　刘　伟　总主编
社会主义现代化新征程中的意识形态安全
王　易等　著
Shehui Zhuyi Xiandaihua Xin Zhengcheng zhong de Yishi Xingtai Anquan

出版发行	中国人民大学出版社		
社　　址	北京中关村大街 31 号	邮政编码	100080
电　　话	010 - 62511242（总编室）	010 - 62511770（质管部）	
	010 - 82501766（邮购部）	010 - 62514148（门市部）	
	010 - 62515195（发行公司）	010 - 62515275（盗版举报）	
网　　址	http://www.crup.com.cn		
经　　销	新华书店		
印　　刷	涿州市星河印刷有限公司		
开　　本	720 mm×1000 mm　1/16	版　　次	2024 年 10 月第 1 版
印　　张	14.25	印　　次	2025 年 5 月第 2 次印刷
字　　数	158 000	定　　价	85.00 元

中国式现代化：
强国建设、民族复兴的必由之路

历史总是在时代浪潮的涌动中不断前行。只有与历史同步伐、与时代共命运，敢于承担历史责任、勇于承担历史使命，才能赢得光明的未来。2022年10月，习近平总书记在党的二十大报告中庄严宣示："从现在起，中国共产党的中心任务就是团结带领全国各族人民全面建成社会主义现代化强国、实现第二个百年奋斗目标，以中国式现代化全面推进中华民族伟大复兴。"2023年2月，习近平总书记在学习贯彻党的二十大精神研讨班开班式上发表重要讲话进一步强调："概括提出并深入阐述中国式现代化理论，是党的二十大的一个重大理论创新，是科学社会主义的最新重大成果。中国式现代化是我们党领导全国各族人民在长期探索和实践中历经千辛万苦、付出巨大代价取得的重大成果，我们必须倍加珍惜、始终坚持、不断拓展和深化。"习近平总书记围绕以中国式现代化推进中华民族伟大复兴发表的一系列重要讲话，深刻阐述了中国式现代化的一系列重大理论和实践问题，是对中国式现代化理论的极大丰富和发展，具有很强的政治性、理论性、针对性、指导性，对于我们正确理解中国式现代化，全面学习、全面把握、全面落实党的二十大精神，具有十分重要的意义。

　　现代化是人类社会发展到一定历史阶段的必然产物，是社会基本矛盾运动的必然结果，是人类文明发展进步的显著标志，也是世界各国人民的共同追求。实现现代化是鸦片战争以来中国人民孜孜以求的目标，也是中国社会发展的客观要求。从 1840 年到 1921 年的 80 余年间，无数仁人志士曾为此进行过艰苦卓绝的探索，甚至付出了血的代价，但均未成功。直到中国共产党成立后，中国的现代化才有了先进的领导力量，才找到了正确的前进方向。百余年来，中国共产党团结带领人民进行的一切奋斗都是围绕着实现中华民族伟大复兴这一主题展开的，中国式现代化是党团结带领全国人民实现中华民族伟大复兴的实践形态和基本路径。中国共产党百年奋斗的历史，与实现中华民族伟大复兴的奋斗史是内在统一的，内蕴着中国式现代化的历史逻辑、理论逻辑和实践逻辑。

　　一个时代有一个时代的主题，一代人有一代人的使命。马克思深刻指出："人们自己创造自己的历史，但是他们并不是随心所欲地创造，并不是在他们自己选定的条件下创造，而是在直接碰到的、既定的、从过去承继下来的条件下创造。"中国式现代化是中国共产党团结带领中国人民一代接着一代长期接续奋斗的结果。在新民主主义革命时期，党团结带领人民浴血奋战、百折不挠，经过北伐战争、土地革命战争、抗日战争、解放战争，推翻帝国主义、封建主义、官僚资本主义三座大山，建立了人民当家作主的新型政治制度，实现了民族独立、人民解放，提出了推进中国式现代化的一系列创造性设想，为实现现代化创造了根本社会条件。在社会主义革命和建设时期，党团结带领人民自力更生、发愤图强，进行社会主义革命，推进社会主义建设，确立社会主义基本制度，完成了中华民族有史以来最广泛而深刻的社会变革，提出并积极推进"四个现代化"的战略目标，建立起独立的比较完整的工业体系和国民经济体系，在实现什么样的现代化、怎样实现现代化的重大问题上作出了宝贵探索，积累了宝贵经验，为现代化建设奠定了根本政治前提和宝贵经验、理论准备、物质基础。在改革开放和社会主义建设新时期，党团结带领人民解放思想、锐意进取，实现了新中国成立以来党的历史上具有深远意义的伟大转折，确立党在社会主义初级阶段的基本路线，坚定不移推进改革开放，开创、坚持、捍卫、发展中国特色社会主义，在深刻总结我国社会主义现代化建设正反两方面经验基础上提出了"中国式现代化"的命题，提出了"建设富强、民主、文明的社会主义现代化国家"的目标，制定了到 21 世纪中叶分三步走、基本实现社会主义现代化的发展战略，让中国大踏步赶上时代，为中国式现代化提供了充满新的活力的体制保证和快速发展的物质条件。进入中国特色社会主义新时代，以习近平同志为核心的党中央团结带领人民自信自强、守正创新，成功推进和拓展了中国式现代化。我们党在认识上不断深化，创立了习近平新时代中国特色社会主义思想，实现了马克思主义中国化时代化新的飞跃，为中国式现代化提供了根本遵循。明确指出中国式现代化是人口规模巨大的现代化、是全体人民共同富裕的现代化、是物质文明和精神文明相协调的现代化、是人与自然和谐共生的现代化、是走和平发展道路的现代化，揭示了中国式现代化的中国特色和科学内涵。在实践基础上形成的中国式现代化，其本质要求是，坚持中国共产党领导，坚持中国特色社会主义，实现高质量发展，发展全过程人民民主，丰富人民精神世界，实现全体人民共同富裕，促进人与自然和谐共生，推动构建人类命运共同体，创造人类文明新形态。习近平总书记强调，在前进道路上，坚持和加强党的全面领导，坚持中国特色社会主义道路，坚持以人民为中心的发展思想，坚持深化改革开放，坚持发扬斗争精神，是全面建设社会主义现代化国家必须牢牢把握的重大原则。中国式现代化理论体系的初步构建，使中国式现代化理论与实践更加清晰、更加科学、更加可感可行。我们党在战略上不断完善，深入实施科教兴国战略、人才强国战略、乡村振兴战略等一系列重大战略，为中国式现代化提供坚实战略支撑。我们党在实践上不断丰富，推进一系列变革性实践、实现一系列突破性进展、取得一系列标志性成果，推动党和国家事业取得历史性成就、发生历史性变革，特别是消除了绝对贫困问题，全面建成小康社会，为中国式现代化提供了更为完善的制度保证、更为坚实的物质基础、更为主动的精神力量。

思想是行动的先导，理论是实践的指南。毛泽东同志深刻指出："自从中国人学会了马克思列宁主义以后，中国人在精神上就由被动转入主动。"中国共产党是为中国人民谋幸福、为中华民族谋复兴的使命型政党，也是由科学社会主义理论武装起来的学习型政党。中国共产党的百年奋斗史，也是马克思主义中国化时代化的历史。正如习近平总书记所指出的："中国共产党为什么能，中国特色社会主义为什么好，归根到底是马克思主义行，是中国化时代化的马克思主义行。"一百多年来，党团结带领人民在中国式现代化道路上推进中华民族伟大复兴，始终以马克思主义为指导，不断实现马克思主义基本原理同中国具体实际和中华优秀传统文化相结合，不断将马克思关于现代社会转型的伟大构想在中国具体化，不断彰显马克思主义现代性思想的时代精神和中华民族的文化性格。可以说，中国式现代化是科学社会主义先进本质与中华优秀传统文化的辩证统一，是根植于中国大地、反映中国人民意愿、适应中国和时代发展进步要求的现代化。中国式现代化理论是中国共产党团结带领人民在百年奋斗历程中的思想理论结晶，揭示了对时代发展规律的真理性认识，涵盖全面建设社会主义现代化强国的指导思想、目标任务、重大原则、领导力量、依靠力量、制度保障、发展道路、发展动力、发展战略、发展步骤、发展方式、发展路径、发展环境、发展机遇以及方法论原则等十分丰富的内容，其中习近平总书记关于中国式现代化的重要论述全面系统地回答了中国式现代化的指导思想、目标任务、基本特征、本质要求、重大原则、发展方向等一系列重大问题，是新时代推进中国式现代化的理论指导和行动指南。

大道之行，壮阔无垠。一百多年来，党团结带领人民百折不挠，砥砺前行，以中国式现代化全面推进中华民族伟大复兴，用几十年时间走过了西方发达国家几百年走过的现代化历程，在经济实力、国防实力、综合国力和国际竞争力等方面均取得巨大成就，国内生产总值稳居世界第二，中华民族伟大复兴展现出灿烂的前景。习近平总书记在庆祝中国共产党成立100周年大会上的讲话中指出："我们坚持和发展中国特色社会主义，推动物质文明、政治文明、精神文明、社会文明、生态文明协调发展，创造了中国式现代化新道路，创造了人类文明新形态。"我们党科学擘画了中国式现代化的蓝图，指明了中国式现代化的性质和方向。党团结带领人民开创和拓展中国式现代化的百年奋斗史，就是全面推进中华民族伟大复兴的历史，也是创造人类文明新形态的历史。伴随着中国人民迎来从站起来、富起来再到强起来的伟大飞跃，我们党推动社会主义物质文明、政治文明、精神文明、社会文明、生态文明协调发展，努力实现中华文明的现代重塑，为实现全体人民共同富裕奠定了坚实的物质基础。中国式现代化是马克思主义中国化时代化的实践场域，深深植根于不断实现创造性转化和创新性发展的中华优秀传统文化，蕴含着独特的世界观、价值观、历史观、文明观、民主观、生态观等，在文明交流互鉴中不断实现综合创新，代表着人类文明进步的发展方向。

从国家蒙辱到国家富强、从人民蒙难到人民安康、从文明蒙尘到文明复兴，体现了近代以来中华民族历经苦难、走向复兴的历史进程，反映了中国社会和人类社会、中华文明和人类文明发展的内在关联和实践逻辑。中国共产党在不同历史时期推进中国式现代化的实践史，激活了中华文明的内生动力，重塑了中华文明的历史主体性，以面向现代化、面向世界、面向未来的思路建设民族的、科学的、大众的社会主义文化，以开阔的世界眼光促进先进文化向文明的实践转化，勾勒了中国共产党百余年来持续塑造人类文明新形态的历史画卷。人类文明新形态是党团结带领人民独立自主地持续探索具有自身特色的革命、建设和改革发展道路的必然结果，是马克思主义现代性思想和世界历史理论同中国具体实际和中华优秀传统文化相结合的产物，是中国共产党百余年来持续推动中国现代化建设实践的结晶。习近平总书记指出："一个国家走向现代化，既要遵循现代化一般规律，更要符合本国实际，具有本国特色。中国式现代化既有各国现代化的共同特征，更有基于自己国情的鲜明特色。"世界上没有放之四海而皆准的现代化标准，我们党领导人民用几十年时间走完了西方发达国家几百年走过的工业化进程，在实践创造中进行文化创造，在世界文明之林中展现了彰显中华文化底蕴的一种文明新形态。这种文明新形态既不同于崇尚资本至上、见物不见人的资本主义文明形态，也不同于苏联东欧传统社会主义的文明模式，是中国共产党对人类文明发展作出的原创性贡献，体现了现代化的中国特色和世界历史发展的统一。

中国式现代化是一项开创性的系统工程，展现了顶层设计与实践探索、战略与策略、守正与创新、效率与公平、活力与秩序、自立自强与对外开放等一系列重大关系。深刻把握这一系列重大关系，要站在真理和道义的制高点上，回答"中华文明向何处去、人类文明向何处去"的重大问题，回答中国之问、世界之问、人民之问、时代之问，不断深化正确理解和大力推进中国式现代化的学理阐释，建构中国自主的知识体系，不断塑造发展新动能新优势，在理论与实践的良性互动中不断推进人类文明新形态和中国式现代化的实践创造。

胸怀千秋伟业，百年只是序章。习近平总书记强调："一个国家、一个民族要振兴，就必须在历史前进的逻辑中前进、在时代发展的潮流中发展。"道路决定命运，旗帜决定方向。今天，我们比历史上任何时期都更接近中华民族伟大复兴的目标，比历史上任何时期都更有信心、有能力实现这个宏伟目标。然而，我们必须清醒地看到，推进中国式现代化，是一项前无古人的开创性事业，必然会遇到各种可以预料和难以预料的风险挑战、艰难险阻甚至惊涛骇浪。因而，坚持运用中国化时代化马克思主义的思想方法和工作方法，坚持目标导向和问题导向相结合，理顺社会主义现代化发展的历史逻辑、理论逻辑、实践逻辑之间的内在关系，全方位、多角度解读中国式现代化从哪来、怎么走、何处去的问题，具有深远的理论价值和重大的现实意义。

作为中国共产党亲手创办的第一所新型正规大学，始终与党同呼吸、共命运，服务党和国家重大战略需要和决策是中国人民大学义不容辞的责任与义务。基于在人文社会科学领域"独树一帜"的学科优势，我们凝聚了一批高水平哲学社会科学研究团队，以习近平新时代中国特色社会主义思想为指导，以中国式现代化的理论与实践为研究对象，组织策划了这套"中国式现代化研究丛书"。"丛书"旨在通过客观深入的解剖，为构建完善中国式现代化体系添砖加瓦，推动更高起点、更高水平、更高层次的改革开放和现代化体系建设，服务于释放更大规模、更加持久、更为广泛的制度红利，激活经济、社会、政治等各个方面良性发展的内生动力，在高质量发展的基础上，促进全面建成社会主义现代化强国和中华民族伟大复兴目标的实现。"丛书"既从宏观上展现了中国式现代化的历史逻辑、理论逻辑和实践逻辑，也从微观上解析了中国社会发展各领域的现代化问题；既深入研究关系中国式现代化和民族复兴的重大问题，又积极探索关系人类前途命运的重大问题；既继承弘扬改革开放和现代化进程中的基本经验，又准确判断中国式现代化的未来发展趋势；既对具有中国特色的国家治理体系和治理能力现代化进行深入总结，又对中国式现代化的未来方向和实现路径提出可行建议。

展望前路，我们要牢牢把握新时代新征程的使命任务，坚持和加强党的全面领导，坚持中国特色社会主义道路，坚持以人民为中心的发展思想，坚持深化改革开放，坚持发扬斗争精神，自信自强、守正创新、踔厉奋发、勇毅前行，在走出一条建设中国特色、世界一流大学的新路上，秉持回答中国之问、彰显中国之理的学术使命，培养堪当民族复兴重任的时代新人，以伟大的历史主动精神为全面建成社会主义现代化强国、实现中华民族伟大复兴作出新的更大贡献！

目　录

||||||||||||||||||| 导　言 |||||||||||||||||||||

　　科学社会主义自诞生以来，就始终面临着资本主义的包围、封锁和绞杀。资本主义与社会主义在意识形态领域的渗透与反渗透、颠覆与反颠覆、破坏与反破坏的较量更是一直没有停歇。作为中国共产党领导的社会主义国家，我们长期面临着西方国家在意识形态领域的渗透、颠覆和破坏。在革命、建设和改革的各个历史时期，我们党始终高度重视意识形态工作，把维护意识形态安全作为治党治国治军的一项重要任务来抓。随着中国前所未有地走近世界舞台中央，我国意识形态工作面临诸多新形势、新挑战、新任务。

　　党的十八大以来，以习近平同志为核心的党中央从战略全局高度，就意识形态领域许多根本性、方向性、战略性问题作出部署，强调意识形态工作是党的一项极端重要的工作，要求各级党委必须把意识形态工作作为党的建设和政权建设的重要内容，切实肩负起政治责任和领导责任，有力推动我国"意识形态领域形势发生全局性、根本性转变"①。在庆祝中国共产党成立 100 周年大会上，习近平强调，"新的征程上，我们必须增强忧患意识、始终居安思危，贯彻总体国家安全观，统筹发展和安全，统筹中华民族伟大复兴战略全局和世界百年未有之大变局，深刻认识我国社会主要矛盾变化带来的新特征新要求，深刻认识错综复杂的国际环境带来的新矛盾新挑战，敢于斗争，善于斗争，逢山开道、遇水架桥，勇于战胜一切风险挑战！"②《中共中央关于党的百年奋斗重大成就和历史经验的决议》明确强调"意识形态工作是为国家立心、为民族立魂的工作"③。党的二十

---

　　① 习近平.高举中国特色社会主义伟大旗帜 为全面建设社会主义现代化国家而团结奋斗：在中国共产党第二十次全国代表大会上的报告 [M]. 北京：人民出版社，2022：10.
　　② 习近平.在庆祝中国共产党成立 100 周年大会上的讲话 [M]. 北京：人民出版社，2021：17-18.
　　③ 中共中央关于党的百年奋斗重大成就和历史经验的决议 [N]. 人民日报，2021-11-17.

大报告更是再次明确提出要"建设具有强大凝聚力和引领力的社会主义意识形态",并强调要"牢牢掌握党对意识形态工作领导权,全面落实意识形态工作责任制,巩固壮大奋进新时代的主流思想舆论"①。党的二十届三中全会通过的《中共中央关于进一步全面深化改革 推进中国式现代化的决定》中强调,"当前和今后一个时期是以中国式现代化全面推进强国建设、民族复兴伟业的关键时期"②,要"完善意识形态工作责任制"③。综合分析国内外形势,我们认为意识形态安全是国家政治安全的核心内容,关系党的执政地位和执政安全,关系国家长治久安、民族前途命运,关系安全繁荣稳定,须臾不可忽视,必须抓紧抓实抓好。

"把中国现代化建设的长期性与发展的阶段性相结合,科学划分发展阶段,始终做到分阶段、有步骤地推进社会主义现代化,这是我们党推进社会主义现代化建设的一条成功经验。"④ 经过新中国成立以来特别是改革开放40多年的发展,中国取得了历史性成就,发生了历史性变革。2020年10月,党的十九届五中全会通过《中共中央关于制定国民经济和社会发展第十四个五年规划和二〇三五年远景目标的建议》,指出:"'十四五'时期是我国全面建成小康社会、实现第一个百年奋斗目标之后,乘势而上开启全面建设社会主义现代化国家新征程、向第二个百年奋斗目标进军的第一个五年。"⑤ 由此明确了新时代中国特色社会主义发展的战略安排,开

---

① 习近平.高举中国特色社会主义伟大旗帜 为全面建设社会主义现代化国家而团结奋斗:在中国共产党第二十次全国代表大会上的报告[M].北京:人民出版社,2022:43.
② 中共中央关于进一步全面深化改革 推进中国式现代化的决定[M].北京:人民出版社,2024:2.
③ 同②32.
④ 习近平新时代中国特色社会主义思想三十讲[M].北京:学习出版社,2018:127.
⑤ 中共中央关于制定国民经济和社会发展第十四个五年规划和二〇三五年远景目标的建议[N].人民日报,2020-11-04.

启了全面建设社会主义现代化国家新征程。如何理解新征程？在开启新征程的过程中，我们会面临怎样的意识形态安全？又该如何应对？这些都是影响我们能否走好新征程的重大问题，必须给予及时、正面、准确的回应。

一、社会主义现代化新征程是实现中华民族伟大复兴历史进程大跨越、推动中国特色社会主义向更高阶段迈进的必经之路

2012 年 11 月 29 日，习近平总书记在参观《复兴之路》展览时首次提及"中国梦"，认为实现中华民族伟大复兴，就是中华民族近代以来最伟大的梦想。中国共产党在百年历史中始终肩负这一伟大使命，并在不同时期通过不同方式为实现中国梦而努力。如今，伴随中国特色社会主义进入新时代，我国社会生产力水平总体上显著提高，社会生产能力在很多方面迈入世界前列，以往长期所处的短缺经济和供给不足状况也发生了根本性转变，迎来了比历史上任何时期都更接近，也更有信心和能力实现中华民族伟大复兴的新发展阶段。处在全面建设社会主义现代化国家新征程的中国，面临错综复杂的国内国际形势，机遇与挑战并存，积极因素和消极因素同在，必然要面临新的更大的风险和挑战，必须进行具有许多新的历史特点的伟大斗争。如何在新征程上，抓住历史机遇，"胸怀两个大局，临危不乱、危中寻机、开拓进取、开辟新局，既利用世界百年未有之大变局的正面因素推进中华民族伟大复兴，又通过推进中华民族伟大复兴推动世界百年未有之大变局正向发展，努力创造两个大局良性联动的局面"[①]？这

---

① 任理轩. 开启全面建设社会主义现代化国家新征程 [N]. 人民日报，2021 - 05 - 13.

是贯穿社会主义现代化新征程的重大理论问题，也是推进强国建设、民族复兴伟业历史进程大跨越必须解决的重大实践问题。

社会主义现代化新征程既是实现中华民族伟大复兴中国梦的逻辑延伸，也是推动中国特色社会主义迈向更高阶段的必经之路。"九层之台，起于垒土；千里之行，始于足下。"建设中国特色社会主义事业不是一蹴而就的短期工程，它既需要建立在新中国成立以来积累的雄厚物质基础之上，又需要后来者的接续奋斗，需要分步实施、分阶段完成。回顾历史不难发现，在推进社会主义现代化建设的过程中，我们党总是把中国现代化建设的长期性和发展的阶段性结合起来。从党的十二大提出分两个 10 年"两步走"的战略部署，到党的十三大确定我国现代化建设"三步走"发展战略，到党的十九大提出分"两步走"在本世纪中叶全面建成社会主义现代化强国的战略安排，以及党的二十大再次重申全面建成社会主义现代化强国总的战略安排是分"两步走"，无不印证了这一点。习近平指出："全面建设社会主义现代化国家、基本实现社会主义现代化，既是社会主义初级阶段我国发展的要求，也是我国社会主义从初级阶段向更高阶段迈进的要求。"[①] 简而言之，开启全面建设社会主义现代化国家的新征程，是在全面建成小康社会基础上，中国特色社会主义向更高阶段迈进的历史和现实的必然要求。需要指出的是，由于新征程是我国社会主义建设向更高层次迈进的阶段，也是我国现代化建设迈向更高层次的阶段，所以，这种更高层次的迈进，必然涉及经济和社会结构的深刻变革、利益格局的深刻调整等各种深层次的变化，必然使得我国社会面临更大的挑战，使我国意

---

① 习近平. 把握新发展阶段，贯彻新发展理念，构建新发展格局 [J]. 求是，2021 (9).

识形态领域面临空前复杂的情况。

二、社会主义现代化新征程中意识形态领域斗争依然复杂多变，国家安全面临严峻挑战

社会主义现代化建设是一项庞杂的系统工程，由此决定了全面建设社会主义现代化国家新征程不可能一帆风顺，而是会面临国内国际多方面风险挑战日益增多的复杂局面，其中要特别注意来自意识形态领域的风险隐患。正如习近平指出的，"我国发展进入战略机遇和风险挑战并存、不确定难预料因素增多的时期，各种'黑天鹅'、'灰犀牛'事件随时可能发生"①。因此，习近平强调，"我们必须增强忧患意识，坚持底线思维，做到居安思危、未雨绸缪，准备经受风高浪急甚至惊涛骇浪的重大考验"②，同时，"要深刻认识党面临的执政考验、改革开放考验、市场经济考验、外部环境考验的长期性和复杂性，深刻认识党面临的精神懈怠危险、能力不足危险、脱离群众危险、消极腐败危险的尖锐性和严峻性"③。基于"四大考验""四大危险"，以及习近平多次强调的"过不了互联网这一关，就过不了长期执政这一关"④ 的网络意识形态安全问题，社会主义现代化新征程中我们面临的主要意识形态安全问题，可以概括为中国共产党在长期执政和走好新时代长征路过程中遇到的风险挑战、在建设现代化经济体系过程中面临的多重风险、在全面深化改革开放进程中存在的问题、在顺应

①② 习近平.高举中国特色社会主义伟大旗帜 为全面建设社会主义现代化国家而团结奋斗：在中国共产党第二十次全国代表大会上的报告 [M].北京：人民出版社，2022：26.

③ 习近平.决胜全面建成小康社会 夺取新时代中国特色社会主义伟大胜利：在中国共产党第十九次全国代表大会上的报告 [M].北京：人民出版社，2017：61.

④ 习近平.加快推动媒体融合发展 构建全媒体传播格局 [J].求是，2019 (6).

世界百年未有之大变局过程中面临的国际安全挑战、在推动网络强国建设进程中遇到的风险等五个方面。

一是中国共产党在长期执政和走好新时代长征路过程中面临的意识形态安全问题。习近平指出："中国特色社会主义最本质的特征是中国共产党领导，中国特色社会主义制度的最大优势是中国共产党领导，党是最高政治领导力量"①。正因为坚持党的领导，中华民族才顺利实现了从站起来到富起来的历史性跨越，如今还迎来从富起来到强起来的伟大飞跃。实现中华民族伟大复兴，走好新时代的长征路，仍然要坚持中国共产党的领导。但近年来，在西方自由主义、历史虚无主义、"普世价值"论等错误社会思潮的影响下，我国出现了恶意丑化领袖、诋毁革命英烈、篡改乃至杜撰历史细节等现象，不利于党的领导地位的巩固。从内部挑战来看，在长期执政过程中，党内容易出现消极腐败现象，个别党员中也容易出现个人至上、享乐主义、奢靡之风等问题，这些错误行为和错误现象，如不及时有效处理，将严重损害党的形象，影响人民群众对党的信任和信心，进而在很大程度上消解我国意识形态的群众基础。

二是我国在建设现代化经济体系过程中面临的意识形态安全问题。现代化经济体系建设是开启全面建设社会主义现代化国家新征程的重要组成部分。我国经济已由高速增长阶段转向高质量发展阶段，高质量发展是全面建设社会主义现代化国家的首要任务，要发展新质生产力、促进实体经济和数字经济深度融合、发展服务业、健全现代化基础设施建设、提升产业链供应链韧性和安全水平。这期间必然出现新老矛盾交织、社会利益分

---

① 习近平.决胜全面建成小康社会 夺取新时代中国特色社会主义伟大胜利：在中国共产党第十九次全国代表大会上的报告［M］.北京：人民出版社，2017：20.

配冲突、提质换挡"阵痛"等诸多问题，也会由此引发意识形态安全问题。例如，趁中国经济降速换挡而不断返潮的新自由主义、消费主义等思潮，妄图模糊现代化经济体系建设的社会主义方向，扭曲人民群众的消费观、价值观等，在一定程度上混淆视听，造成人们思想上的混乱。再如，部分人对我国社会主义市场经济体制存在错误认识，片面解读充分发挥市场在资源配置中的决定性作用和更好发挥政府作用的关系，倾向于把经济制度和经济体制割裂甚至对立起来，不利于增强人民群众对我国经济发展的信心，也容易挫伤民营经济参与中国经济建设的积极性。又如，我国当前经济发展存在不平衡、不充分的问题，会影响人民群众对更高要求、更高水平生活的追求，也会制约全体人民共同富裕目标实现的进程，从而引发民众不平衡的社会心态，不利于社会主义意识形态安全。

三是我国在深化改革和扩大开放过程中面临的意识形态安全问题。40多年的伟大实践充分证明，改革开放是决定当代中国前途命运的关键一招。但随着进一步全面深化改革的愈益加深，改革进程中的复杂性因素愈益增多，社会思潮愈加多元，对我国意识形态构成了一定的冲击和挑战。其一，利益群体诉求差异化影响主流意识形态的凝聚力。在全面深化改革的进程中，社会主义市场经济的建立和分配方式的多样化，使利益群体的诉求差异化更突出，加剧了凝聚社会共识的难度。其二，共同富裕有待推动增加意识形态安全的防控难度。发展不平衡、不充分问题已经成为社会主要矛盾的主要方面，制约共同富裕目标的实现，这会在很大程度上引发人们的疑惑、误解甚至逆反心理，也会对新征程的意识形态安全建设造成消极影响。其三，改革中的"黑天鹅""灰犀牛"事件威胁意识形态安全。"黑天鹅"和"灰犀牛"事件的发生，不仅会造成重大人员伤亡和经济损失，还会在很短的时间内迅速将事物原有的发展格局打破弄乱，对社会成员情绪稳定造成消极影响，进而考验党和政府的公信力、合法性。其四，由改革开放带来的多元社会思潮威胁社会主义意识形态安全。如个人主义的盛行削弱了集体主义话语的影响力，民主社会主义的传播在一定程度上造成了指导思想、改革方向上的混乱，"儒化中国"论则割裂了马克思主义和中国传统文化的关系。

四是我国处于世界百年未有之大变局中面临的意识形态安全问题。当今世界正经历百年未有之大变局，新兴国家和发展中国家群体性崛起极大地改变了国际力量格局，促使世界力量对比呈现"东升西降"的态势。大国关系深入调整，国际形势错综复杂，不同国家间意识形态国际话语权之争趋于激烈。我国作为世界上最大的发展中国家，正处在从大国向强国转变的阶段，面临的意识形态挑战更加明显。一方面，部分西方国家对中国的崛起和发展变得更为紧张和警惕，不但在全球范围内鼓吹"中国意识形态威胁论"，而且大搞霸权主义、单边主义、贸易保护主义，推行"价值观外交"，在西方国家原有的意识形态对抗认识框架下新添所谓的现实"力证"，我国意识形态在国际社会中的话语空间拓展和影响力提升遭遇困局。另一方面，非传统安全难题涌现考验我国意识形态凝聚力。非传统安全难题，尤其是之前的新冠疫情，使得各种声音在国际思想舆论领域集聚、发酵和博弈，意识形态斗争加剧升级，我国的舆情应对和引领难度陡然增加。特别是以美国为首的一些西方国家散播"中国病毒""口罩外交""中国责任"等谬论，罔顾客观事实，摒弃科学态度，将病毒溯源政治化，极力诋毁中国形象，遏制中国发展进步；还把"民主"当作对中国进行抹黑、施压的"遮羞布"，操弄意识形态对抗，举办"全球民主峰会"，制造"新冷战"喧器。这些都在一定时期内给我国的意识形态安全造成了较大压力。

五是我国在推进互联网治理体系现代化过程中面临的意识形态安全问题。随着信息技术的不断发展，网络的广泛应用在深刻改变媒体格局和舆论生态的同时，也给社会主义意识形态安全带来了冲击与挑战，网络空间的意识形态管控难度大大增加。集中体现在：其一，网络参与主体多元争夺主流意识形态阵地。互联网空间开放、共享的特征使得网络信息的主体日渐呈现多元化趋势。来自不同国家、民族、阶级和阶层的人都有可能成为网络参与的主体，这在一定程度上导致了网络意识形态的多样，为携带各色"主义""制度"的社会思潮提供了争夺受众的可能性。其二，网络话语权力悬殊弱化主流意识形态权威。囿于文化背景、知识结构和社会地位等因素的差异，不同网络行为主体的话语表达能力和影响力不均衡，这不利于网络意识形态资源的合理分配，也使得一些错误社会思潮借此蔓延。其三，网络传播模式多样干扰主流意识形态传播。各种网络新媒介的出现尤其是自媒体的发展，使得信息的生成和传播受到的限制少了，网络空间成为各类信息的集散地，主流意识形态的有效传播面临挑战。其四，网络文化泛娱乐化破坏天朗气清的网络空间。随着信息传播的不断发展，网络与生活的联系越发紧密，网络空间泛娱乐化的倾向也越来越严重。这种泛娱乐化的倾向不断发酵，导致主流意识形态出现被搁置、被忽视乃至被拒斥的情况。部分网民沉浸在享乐暗示的文化氛围中，网络生态环境遭受污染破坏。

三、牢牢掌握意识形态工作的领导权、管理权、话语权，走好社会主义现代化新征程

意识形态工作是党的一项极端重要的工作，能否将这项工作做好，直

接关系党的前途命运，关系国家长治久安，关系民族凝聚力和向心力。在全面建设社会主义现代化国家新征程的过程中，更应该做好意识形态工作，把意识形态工作的领导权、管理权和话语权牢牢掌握在手中。为此，要在夯实百年大党的意识形态底色、坚持市场经济的社会主义航向、占领改革开放的意识形态高地、提升我国意识形态国际话语权、构建网络综合治理体系等方面多下功夫。如此，才能走好社会主义现代化新征程。

第一，坚持和完善中国共产党的领导，夯实百年大党的意识形态底色。"党的领导地位不是自封的，是历史和人民选择的，是由我国国体性质决定的，是由我国宪法明文规定的。"[①] 走好社会主义现代化新征程，应对意识形态安全问题，必须坚持和完善党的领导，夯实意识形态底色。一是筑牢思想防线，牢牢掌握意识形态工作主动权。不仅要把握正确政治方向，把握中国、世界发展大势，自觉与党中央保持高度一致，增强"四个意识"，坚定"四个自信"，做到"两个维护"，还要提高意识形态工作领导能力、管理能力和话语能力。二是掌握看家本领，以党的创新理论成果武装全党。既要掌握好马克思主义看家本领，科学有效地应对意识形态领域的风险挑战，又要把握好习近平新时代中国特色社会主义思想的世界观和方法论，坚持好、运用好贯穿其中的立场观点方法，始终坚持以习近平新时代中国特色社会主义思想武装全党、教育人民，防范化解重大风险，捍卫我国意识形态安全。三是保持政治本色，发扬刀刃向内的自我革命精神。要紧扣民心这个最大的政治，坚持人民群众反对什么、痛恨什么，我们就要坚决防范和纠正什么，坚持反腐败斗争无禁区、全覆盖、零容忍，

---

① 习近平新时代中国特色社会主义思想三十讲［M］. 北京：学习出版社，2018：74.

坚持重遏制、强高压、长震慑，增强拒腐防变和抵御风险能力，时刻保持共产党人的政治本色。四是永葆生机活力，修好党史这门必修课，从历史中获得启迪，从历史经验中提炼出克敌制胜的法宝。

第二，守好意识形态安全防线，坚持市场经济的社会主义航向。经济体制是社会基本经济制度所采取的组织形式和管理形式。经济体制的选择是否得当，对于基本经济制度的自我完善和生产力的发展往往起着重要作用。社会主义市场经济体制是中国共产党在长期实践探索中逐步确立起来的适合我国国情发展需要的经济体制，必须予以坚持和发展，尤其要注意在推进现代化经济体系建设过程中守好意识形态安全防线。一是充分发挥社会主义制度的优越性、发挥党和政府的积极作用。"市场在资源配置中起决定性作用，并不是起全部作用，不是说政府就无所作为，而是必须坚持有所为、有所不为，着力提高宏观调控和科学管理水平"①，"在保证市场发挥决定性作用的前提下，管好那些市场管不了或管不好的事情"②。二是在做强做优做大国有企业的同时，为民营企业发展营造良好环境。国有企业是中国特色社会主义的重要物质基础和政治基础，必须做强做优做大，增强核心功能，提升核心竞争力，推动国有资本向关系国家安全、国民经济命脉的重要行业和关键领域集中，向关系国计民生的公共服务、应急能力、公益性领域等集中，向前瞻性战略性新兴产业集中，使之更好地服务国家重大战略和地方经济社会发展。同时，要为民营企业发展创设良好的营商环境，使企业放心发展，助力新发展格局的建构和现代化经济体系的建设。三是在深化供给侧结构性改革中筑牢意识形态安全经济基础，

① 习近平新时代中国特色社会主义思想三十讲［M］. 北京：学习出版社，2018：147.
② 习近平关于社会主义经济建设论述摘编［M］. 北京：中央文献出版社，2017：66.

既以中国特色社会主义政治经济学指导中国供给侧结构性改革，又以供给侧结构性改革推动中国经济高质量发展，打牢意识形态安全的经济基础。

第三，坚持正确政治方向，占领改革开放的意识形态高地。全面深化改革不是任意而为，必须遵循正确方向，围绕完善和发展中国特色社会主义制度、推进国家治理体系和治理能力现代化这一总目标开展，既要坚定不移地走中国特色社会主义道路，又要适应社会主义现代化新征程的要求，从各个领域推进国家治理体系和治理能力现代化。一是在防范化解重大社会风险挑战中开拓事业新局面。坚持底线思维、增强忧患意识，在深刻把握错综复杂的国内外大势中提升科学预见风险挑战的能力，提高化解风险、克服挑战的能力。同时，要完善风险研判和防控机制，为化解重大社会风险提供制度保障。二是在开展意识形态交锋与思想斗争中引领新兴思潮。处理好"一"和"多"的关系，确保其他意识形态在社会主义意识形态的引领和规约下生存与发展；要对非社会主义意识形态的内容、实质和危害进行深度剖析与广泛宣传，引导民众拿起"批判的武器"共同捍卫主流意识形态。三是在促进公平正义与增进人民福祉中凝聚社会共识。把促进社会公平正义、增进人民福祉作为改革的方向和目标，最大程度地实现人人平等参与、平等发展的权利，把不断做大的"蛋糕"分好，满足人民对美好生活的需要。四是在构建新时代意识形态话语体系中增进行为认同。继续坚持以马克思主义为指导构建社会主义意识形态话语体系，同时注重话语创新，不断丰富社会主义意识形态的话语表达形式，提升话语感染力。

第四，顺应世界发展大势，提升我国意识形态国际话语权。社会主义现代化新征程是中国与世界实现深度双向互动的阶段，要求我们准确把握外部环境的基本特征，理性剖析我国发展过程中存在的外部挑战与威胁，并顺应时代发展大势，同世界上一切进步力量携手同行，既以中国的新发展为世界提供新机遇，又利用世界百年未有之大变局不断提升我国意识形态国际话语权。具体来说，一是顺应世界多极化加速推进大势，倡导和坚持多边主义。坚决反对以多边主义之名行单边主义之实的各种行为，反对霸权主义和强权政治，推动国际秩序和国际体系朝着更加公正合理的方向发展。二是把握经济全球化持续发展大势，构建开放型世界经济。加快构建以国内大循环为主体、国内国际双循环相互促进的新发展格局，并以此形成对全球要素资源的强大吸引力和竞争力。三是利用国际环境总体稳定的大势，维护世界和平与发展。"坚持推进国际共同安全，高举合作、创新、法治、共赢的旗帜，推动树立共同、综合、合作、可持续的全球安全观，加强国际安全合作，完善全球安全治理体系，共同构建普遍安全的人类命运共同体"[①]。四是适应各种文明交流互鉴的大势，弘扬全人类共同价值。尊重文明的多样性，尊重和维护各国人民自主选择本国发展道路和制度模式的权利，"弘扬和平、发展、公平、正义、民主、自由的全人类共同价值，坚持合作、不搞对抗，坚持开放、不搞封闭，坚持互利共赢、不搞零和博弈，反对霸权主义和强权政治，推动历史车轮向着光明的目标前进！"[②]

第五，壮大主流舆论强势，构建网络综合治理体系以维护意识形态安全。习近平多次强调："互联网是意识形态工作的主战场、最前沿。""现

---

① 习近平在中央政治局第二十六次集体学习时强调 坚持系统思维构建大安全格局 为建设社会主义现代化国家提供坚强保障 [N]. 人民日报, 2020-12-13.

② 习近平. 在庆祝中国共产党成立100周年大会上的讲话 [M]. 北京：人民出版社, 2021：16.

在，意识形态领域许多新情况新问题往往因网而生、因网而增，许多错误思潮也都以网络为温床生成发酵。在这个舆论斗争的主战场上，能否顶得住、打得赢，直接关系我国意识形态安全和政权安全。"① 为此，要"健全网络综合治理体系，推动形成良好网络生态"②。一要开展精准的舆论引导和内容治理工作。网络空间意识形态安全建设必须重视以马克思主义引领思潮和舆论，研究构建主流网络意识形态话语权的途径，切实增强网络空间意识形态话语的权威性、凝聚力和说服力。二要适应新形势下的党管媒体和媒体融合。坚持党管媒体不动摇是由我们的政治制度和媒体性质决定的，要坚持正确的政治方向，坚守媒体的党性原则和社会责任，把正确导向要求贯穿到网络意识形态工作各领域和全过程，同时要用好主流媒体，推动媒体深度融合发展，不断增强意识形态协同力。三要建立维护意识形态安全的技术保障。通过网络技术自主创新识别意识形态领域的风险，打造一支强大的网络工作队伍，牢牢掌握意识形态工作的主动权。四要确立维护意识形态安全的法治思维。法治思维和法律手段在舆论引导中的重要性逐步凸显，"要坚持依法治网、依法办网、依法上网，让互联网在法治轨道上健康运行"③。

---

① 习近平新时代中国特色社会主义思想三十讲 [M]. 北京：学习出版社，2018：220.
② 习近平. 高举中国特色社会主义伟大旗帜 为全面建设社会主义现代化国家而团结奋斗：在中国共产党第二十次全国代表大会上的报告 [M]. 北京：人民出版社，2022：44.
③ 习近平. 在第二届世界互联网大会开幕式上的讲话 [N]. 人民日报，2015-12-17.

第一章

维护意识形态安全是社会主义现代化新征程的重要课题

社会主义现代化新征程是我国发展的新的历史坐标。党的二十大报告指出："中国式现代化，是中国共产党领导的社会主义现代化，既有各国现代化的共同特征，更有基于自己国情的中国特色。"① 同西方国家不同，我国的现代化"是一个'并联式'的过程，工业化、信息化、城镇化、农业现代化是叠加发展的"②。这意味着我国的现代化较之西方更为复杂，也面临更为错综复杂的风险和挑战。党的二十大报告明确将"意识形态安全"作为"增强维护国家安全能力"的重要组成部分。2023 年全国宣传思想文化工作会议作出重要指示："坚决有效防范化解意识形态风险，敢于亮剑、敢于斗争。"③ 党的二十届三中全会进一步强调"完善意识形态工作责任制"④。因此，我国在追求现代化发展的过程中，还需关注国家安全，特别是国家意识形态安全。为此，需要从执政主体、经济基础、发展战略、外部环境以及网络场域等多个维度出发，深入探讨社会主义现代化新征程中意识形态安全的维护之道。

◀◀◀ **第一节** ▶▶▶

社会主义现代化新征程是国家发展新的历史坐标

开启现代化新征程是我国社会主义向更高阶段迈进的要求。作为社会

---

① 习近平. 高举中国特色社会主义伟大旗帜 为全面建设社会主义现代化国家而团结奋斗：在中国共产党第二十次全国代表大会上的报告 [M]. 北京：人民出版社，2022：22.

② 习近平关于社会主义经济建设论述摘编 [M]. 北京：中央文献出版社，2017：159.

③ 张烁. 坚定文化自信秉持开放包容坚持守正创新 为全面建设社会主义现代化国家 全面推进中华民族伟大复兴提供坚强思想保证强大精神力量有利文化条件 [N]. 人民日报，2023-10-09.

④ 中共中央关于进一步全面深化改革 推进中国式现代化的决定 [M]. 北京：人民出版社，2024：32.

主义国家的代表，中国在追求现代化发展的过程中，必须彰显社会主义的底色。《中共中央关于制定国民经济和社会发展第十四个五年规划和二〇三五年远景目标的建议》指出，要"坚持总体国家安全观……把安全发展贯穿国家发展各领域和全过程，防范和化解影响我国现代化进程的各种风险，筑牢国家安全屏障"[①]。党的二十届三中全会再次强调必须全面贯彻总体国家安全观，并提出"要加强舆论引导，有效防范化解意识形态风险"[②]。为此，必须兼顾安全和发展两件大事，将维护意识形态安全贯穿社会主义现代化新征程发展的始终。

一、开启新征程是我国社会主义向更高阶段迈进的要求

习近平指出："全面建设社会主义现代化国家、基本实现社会主义现代化，既是社会主义初级阶段我国发展的要求，也是我国社会主义从初级阶段向更高阶段迈进的要求。"[③] 开启全面建设社会主义现代化国家的新征程，是在全面建成小康社会基础上，我国社会主义向更高阶段迈进的历史和现实的必然要求。

新征程是我国社会主义迈向更高阶段的必经之路。恩格斯指出："世界不是既成**事物**的集合体，而是**过程**的集合体"[④]。唯物辩证法认为，事物发展总是经历由量变到质变的过程。从历史进程的角度看，一个社会的发展，同样会划分为不同的阶段，并且只有当每个阶段的发展积累到一定的

---

① 中华人民共和国国民经济和社会发展第十四个五年规划和 2035 年远景目标纲要. 北京：人民出版社，2021：154.

② 中共二十届三中全会在京举行 [N]. 人民日报，2024 - 07 - 19.

③ 习近平谈治国理政：第 4 卷 [M]. 北京：外文出版社，2022：165.

④ 马克思恩格斯文集：第 4 卷 [M]. 北京：人民出版社，2009：298.

程度后，才能实现发展阶段的质的飞跃。作为社会主义国家，我国将共产主义视为最高追求，但共产主义这一伟大崇高的理想不是一蹴而就的，而要历经若干更为具体的阶段。早在 1987 年，党的十三大就系统阐述了社会主义初级阶段理论，并提出我国处于并将长期处于社会主义初级阶段。经过几十年的发展，我国社会取得长足进步，已经全面建成小康社会。但是，我国处于并将长期处于社会主义初级阶段的国情没有变。这是因为，社会主义初级阶段是一个相当长的历史发展阶段，在发展进程中必然还要经历若干具体的发展阶段且在不同时期呈现不同的发展特征。需指出，社会主义初级阶段是一个由量变积累引起部分的质变，在新的基础上再由新的量变积累引起新的部分质变的动态的、螺旋推进的过程。中国共产党自诞生以来，不断团结带领中国人民实现了从站起来到富起来的历史性跨越，如今还迎来从富起来到强起来的伟大飞跃。"经过新中国成立以来特别是改革开放 40 多年的不懈奋斗，我们已经拥有开启新征程、实现新的更高目标的雄厚物质基础。"[1] 目前，我们已经站到了全面建设社会主义现代化国家的新征程上，从这个意义上看，新征程是我国社会主义迈向更高阶段的必经之路。

面向社会主义现代化建设的新征程，我们需要完成更大的发展目标。经过全党全国人民艰苦卓绝的努力，我国已经消除绝对贫困，实现第一个百年奋斗目标。在此基础上，新征程面临更进一步的发展要求。新征程以全面建设社会主义现代化国家为根本目标，进而将这一目标又划分为两个具体的阶段。其中，第一个阶段体现为，从 2020 年到 2035 年，基本实现

---

① 习近平. 深入学习坚决贯彻党的十九届五中全会精神 确保全面建设社会主义现代化国家开好局 [N]. 人民日报，2021-01-12.

社会主义现代化。而这一伟大目标，又体现在我国跻身创新型国家前列、国家治理体系和治理能力现代化基本实现、国家文化软实力显著增强、人民生活更为宽裕、现代社会治理格局基本形成、美丽中国目标基本实现等更为具体的目标要求上。第二个阶段体现为，从 2035 年到本世纪中叶把我国建成富强民主文明和谐美丽的社会主义现代化强国。这又体现在物质文明、政治文明、精神文明、社会文明、生态文明全面提升，实现国家治理体系和治理能力现代化，综合国力和国际影响力领先，全体人民共同富裕基本实现等方面。

总之，开启新征程是我国社会主义向更高阶段迈进的要求，这一新的要求为我国未来几十年的发展指明了方向。当然也应看到，新征程呼唤新作为。面临世界百年未有之大变局，我国发展的外部环境较为复杂，机遇与挑战必将并存，因而，增强国家抵御风险的能力是一项重要的工作。

二、我国建设的现代化必须彰显社会主义意识形态底色

我国的现代化是社会主义的现代化，是中国特色的现代化。早在党的十二大上，邓小平就指出："我们的现代化建设，必须从中国的实际出发……把马克思主义的普遍真理同我国的具体实际结合起来，走自己的道路，建设有中国特色的社会主义，这就是我们总结长期历史经验得出的基本结论。"[①] 2021 年 1 月，习近平在省部级主要领导干部学习贯彻党的十九届五中全会精神专题研讨班上的讲话中也指出："我们的任务是全面建设社会主义现代化国家，当然我们建设的现代化必须是具有中国特色、符合

---

① 邓小平文选：第 3 卷［M］. 北京：人民出版社，1993：2-3.

中国实际的"①。《中共中央关于党的百年奋斗重大成就和历史经验的决议》也明确指出："党领导人民成功走出中国式现代化道路，创造了人类文明新形态，拓展了发展中国家走向现代化的途径"②。走好新征程，一个关键的问题在于坚持社会主义意识形态，建设符合中国国情的社会主义现代化。党的二十大报告明确将中国式现代化概括为"人口规模巨大的现代化""全体人民共同富裕的现代化""物质文明和精神文明相协调的现代化""人与自然和谐共生的现代化""走和平发展道路的现代化"③ 几个方面。这几个方面是对中国式现代化本质特征的概括，同时也是对中国式现代化的社会主义意识形态底色的集中呈现。

第一，我国现代化是人口规模巨大的现代化，必须守住人民立场，实现人的全面发展。第七次全国人口普查数据显示，2020 年中国人口达14.1 亿，居世界第一。巨大的人口数量将会给我国的现代化带来重大挑战。以经济为例，经济的现代化不仅需要建立在国家巨大的经济总量之上，还需要建立在较高的人均 GDP 之上。由于庞大的人口，较高人均GDP 目标的实现会比一般人口的国家显得更难。不仅如此，庞大的人口还会给国家带来包括收入差距、地区差距等在内的诸多社会问题。当然，事物总是具有两面性。人口压力也可以转化为人口优势。一旦我国的现代化充分聚焦人的全面发展，致力于全面提升国民素质，将人口压力转化为巨大的人口优势，我们就将实现人类历史上前所未有

---

① 习近平谈治国理政：第 4 卷 [M]. 北京：外文出版社，2022：164.

② 中共中央关于党的百年奋斗重大成就和历史经验的决议 [M]. 北京：人民出版社，2021：64.

③ 习近平. 高举中国特色社会主义伟大旗帜 为全面建设社会主义现代化国家而团结奋斗：在中国共产党第二十次全国代表大会上的报告 [M]. 北京：人民出版社，2022：22，23.

的大变革。

第二，我国现代化是全体人民共同富裕的现代化。共同富裕是社会主义的本质特征，是人民群众的共同期盼，也是社会主义优越性的深刻体现。坚持共同富裕是我国社会主义现代化区别于资本主义现代化的重要特征。第一个百年奋斗目标中，消除绝对贫困、全面建成小康社会就是我国在共同富裕上取得的重大成绩。习近平指出："2035 年基本实现社会主义现代化远景目标中提出'全体人民共同富裕取得更为明显的实质性进展'，在改善人民生活品质部分突出强调了'扎实推动共同富裕'，提出了一些重要要求和重大举措"①。面向第二个百年奋斗目标，实现人民对美好生活的向往是现代化建设的出发点和落脚点。新征程中社会主义现代化强国的建设，必将对全体人民共同富裕提出更高的要求。共同富裕作为中国式现代化的重要特征，充分体现了新征程发展过程中对社会主义前进方向的牢牢坚持和把握。

第三，我国现代化是物质文明和精神文明相协调的现代化。社会主义现代化既要物质富足，也要精神富有。社会主义的本质是解放生产力和发展生产力。既然我们仍然处在社会主义初级阶段，那么就必须坚持初级阶段的总路线，依然要以经济建设为中心建设社会主义现代化强国，依然要致力于进一步提升我国物质文明水平。但也应看到，物质文明只是社会文明的一个方面。踏上新征程，人民群众对于精神文明有着更高的要求，这体现在人民群众对于精神文化的需求日益丰富，人民群众的精神审美日益提高，同时，国家对于文化软实力的要求也进一步提升。这便要求现代化建设

① 习近平. 关于《中共中央关于制定国民经济和社会发展第十四个五年规划和二〇三五年远景目标的建议》的说明［N］. 人民日报，2020 - 11 - 04.

中必须实现物质文明和精神文明的协调发展。

第四，我国现代化是人与自然和谐共生的现代化。伴随中国特色社会主义进入新时代，我们对生态文明建设也更加重视。党的十八大把生态文明建设纳入中国特色社会主义事业"五位一体"总体布局之中。党的十九大在富强、民主、文明、和谐之外，新增"美丽"一词用以界定社会主义现代化强国的基本特征。党的二十大再次强调坚持美丽中国的建设理念。这一表述上的变化，不仅表明我们对于现代化有着更高的要求，同时也体现出我们对建设美丽中国的自信。只有坚持人与自然和谐统一的辩证观点，坚持新发展理念，加快推动绿色发展，才能实现人与自然和谐共生的现代化战略目标。

第五，我国现代化是走和平发展道路的现代化。中国自古以来就强调协和万邦的外交理念。新中国成立以来，我国始终坚持走独立自主的和平发展道路，这既是中华优秀传统文化的彰显，也是社会主义事业建设所积累的宝贵经验。在全面建设社会主义现代化国家的新征程中，我们也将始终坚定不移地走和平发展道路，坚决反对霸权主义和强权政治，坚持人类命运共同体的理念，积极维护世界和平，致力于构建更加平等友好的新型国际关系。

三、把安全发展贯穿社会主义现代化新征程各领域和全过程

习近平强调，"安全是发展的前提，发展是安全的保障"①。发展和安全是一体两面，相辅相成。社会主义现代化新征程是我国社会发展新的历史坐标，自然面临如何发展的问题。"推进中国式现代化是一项全新的事

---

① 习近平. 关于《中共中央关于制定国民经济和社会发展第十四个五年规划和二〇三五年远景目标的建议》的说明 [N]. 人民日报，2020 - 11 - 04.

业，前进道路上必然会遇到各种矛盾和风险挑战。"① 新征程是我国各类矛盾和风险的易发期，各种可以预见和难以预见的风险因素明显增多，如何在发展的过程中维护国家安全也是一个重大课题。为此，必须把安全发展贯穿社会主义现代化新征程的各领域和全过程。

首先，要紧扣发展，夯实安全的保障。事物发展过程中的风险往往源自事物本身的不完善，而发展是解决问题的根本之道。因此，发展是防御社会主义现代化新征程中各类风险挑战的根本手段。社会主义现代化新征程是实现中华民族伟大复兴的关键期，是中国特色社会主义事业发展的更高级阶段。但也应看到，中国特色社会主义进入新时代，并没有改变我国正处于并将长期处于社会主义初级阶段的基本国情。我国是世界上最大发展中国家的定位没有变，今后很长一段时间都将面临发展不平衡不充分的问题。如果脱离发展谈安全，无异于沙中垒塔。发展中的问题要用发展来解决，为此，依然需要把发展作为党执政兴国的第一要务，依旧要通过发展来解决新征程中的各类问题。具体而言，仍然需要通过不断增强我国的经济实力、科技实力乃至综合国力来满足人民日益增长的美好生活需要；要通过加强社会主义法治以及国家治理体系和治理能力现代化建设，形成现代化的社会治理格局；要进一步缩小城乡区域发展差距和居民生活水平差距，推进全体人民共同富裕；要提高社会文明程度，增强国家文化软实力；还要致力于生态治理，实现美丽中国的目标；等等。唯有如此，才能为增强维护国家安全的能力、实现更高水平更高层次的安全提供更为牢固的物质基础和发展保障。

---

① 本报评论部. 为中国式现代化提供强大动力和制度保障［N］. 人民日报，2024－07－19.

其次，要守住安全，夯实发展的前提。习近平指出："增强忧患意识，做到居安思危，是我们治党治国必须始终坚持的一个重大原则。我们党要巩固执政地位，要团结带领全国人民坚持和发展中国特色社会主义，保证国家安全是头等大事。"① 党的二十大报告指出："国家安全是民族复兴的根基，社会稳定是国家强盛的前提。必须坚定不移贯彻总体国家安全观，把维护国家安全贯穿党和国家工作各方面全过程，确保国家安全和社会稳定。"② 安全是国家和社会发展的命脉所在，前进道路上不可能一帆风顺，"中华民族伟大复兴绝不是轻轻松松、敲锣打鼓就能实现的，前进道路上仍然存在可以预料和难以预料的各种风险挑战"③。实现中华民族伟大复兴的关键时期，恰恰也是国家安全的高风险期。越是取得伟大成就，越要居安思危，从国家战略层面看待安全问题，要统筹传统安全和非传统安全，特别要"坚定维护国家政权安全、制度安全、意识形态安全，全面加强网络安全保障体系和能力建设"④。

最后，要坚持安全和发展两手都要抓、两手都要硬的辩证观点。有机地统筹安全和发展，既要坚持安全第一的原则，又要以发展为根本动力。一方面，要确立系统性思维，关注政治安全、国土安全、军事安全、经济安全、文化安全、社会安全、科技安全、信息安全、生态安全、资源安全、核安全等国家各个领域的安全问题，构建国家安全体系；另一方面，要坚持发展的观点，关注国家不同发展阶段的安全问题，深刻领会习近平

　　① 习近平谈治国理政：第1卷［M］.北京：外文出版社，2018：200.
　　② 习近平.高举中国特色社会主义伟大旗帜 为全面建设社会主义现代化国家而团结奋斗：在中国共产党第二十次全国代表大会上的报告［M］.北京：人民出版社，2022：52.
　　③ 中共中央关于党的百年奋斗重大成就和历史经验的决议［M］.北京：人民出版社，2021：72.
　　④ 中共中央关于制定国民经济和社会发展第十四个五年规划和二〇三五年远景目标的建议［N］.人民日报，2020-11-04.

总书记关于"第二个百年奋斗目标"两个阶段的划分，深入分析 2020 年到 2035 年"基本实现社会主义现代化"和 2035 年到本世纪中叶"把我国建成富强民主文明和谐美丽的社会主义现代化强国"两个阶段所面临的发展目标，构建相对应的风险防范体系。

◀◀◀ 第二节 ▶▶▶

社会主义现代化新征程必须重视意识形态安全问题

党的十八大以来，我国的国家安全得到全面加强，特别是经受住了来自意识形态方面的风险挑战考验。党的十九届六中全会明确指出："我国意识形态领域形势发生全局性、根本性转变，全党全国各族人民文化自信明显增强，全社会凝聚力和向心力极大提升"[1]。面向社会主义现代化新征程，全党全国要巩固好这一重大成果，同时，也要常怀远虑、居安思危，"决不在根本性问题上出现颠覆性错误"[2]。意识形态关乎旗帜、关乎道路、关乎国家政治安全，意识形态安全是国家发展中的根本性问题，维护意识形态安全是社会主义现代化建设的题中应有之义。要坚持人民安全、政治

---

① 中共中央关于党的百年奋斗重大成就和历史经验的决议［M］. 北京：人民出版社，2021：46.

② 同①72.

安全、国家利益至上有机统一的基本原则，在新征程中继续做好维护意识形态安全的工作。

一、意识形态关乎旗帜、关乎道路、关乎国家政治安全

意识形态工作是党的一项极端重要的工作。习近平指出："能否做好意识形态工作，事关党的前途命运，事关国家长治久安，事关民族凝聚力和向心力"[①]。意识形态安全是其他一切安全的基础前提，也是新征程国家安全的重中之重。

意识形态安全关乎马克思主义的旗帜。毛泽东指出："主义譬如一面旗子，旗子立起了，大家才有所指望，才知所趋赴"[②]。历史充分说明，举什么旗、走什么路，决定我们前进的方向，关系党和国家的前途命运。我国以马克思主义、中国特色社会主义作为引领各项事业的旗帜。马克思主义、中国特色社会主义的旗帜标志着党和国家的政治指南、政治目标、政治纲领、政治理想。习近平强调："举旗帜，就是要高举马克思主义、中国特色社会主义的旗帜，坚持不懈用新时代中国特色社会主义思想武装全党、教育人民、推动工作"[③]。旗帜问题至关重要，举旗帜就是维护马克思主义在意识形态领域的主导地位，这是意识形态安全的核心要义。要深刻认识马克思主义是我们立党立国的根本指导思想，在坚持马克思主义指导地位这一根本问题上，必须坚定不移，任何时候、任何情况下都不能有丝毫动摇。要深刻洞悉，"国内外各种敌对势力，总是企图让我们党改旗易

帜、改名换姓，其要害就是企图让我们丢掉对马克思主义的信仰，丢掉对社会主义、共产主义的信念"①。要深刻认识到，坚持社会主义的旗帜，从其现实性来说，就是同一切非马克思主义、反马克思主义思潮作斗争，捍卫马克思主义的指导地位，维护我国意识形态安全。

意识形态安全关乎社会主义道路。中国共产党历来强调理论与实践的统一，强调将马克思主义基本原理同中国具体实际相结合。如果说旗帜强调指导思想和理论支撑的重要性，那么，道路强调的则是指导思想即意识形态的实践化问题。我们强调走中国特色社会主义道路，实际谈的是我国发展过程中的路径选择、基本制度和发展的实践模式的问题②。我们强调意识形态安全，不单要确保马克思主义在意识形态领域的指导地位，更要确保指导思想能够很好地转化为实践模式，具体表现为很好地转化为国家的制度、政策和实践的路径等方面。可以说，强调意识形态安全，还应注重将举旗帜转化为努力让 14 亿多中国人民享有更美好生活的实践奋斗和政策制度运行机制。从这个意义上看，维护意识形态安全，同坚持和完善社会主义道路密切相关。

意识形态安全关乎国家政治安全。意识形态是政治生活的核心要素，是政治实践的精神引领和价值追求。中国共产党是马克思主义政党，中国是社会主义国家，坚持马克思主义、中国特色社会主义是中国共产党和全体中华儿女的根本追求。意识形态工作本质上做的是政治工作，民心是最大的政治。能否凝聚民心，就是政治安全的核心要义。回顾人类社会的历

---

① 习近平. 在全国党校工作会议上的讲话 [J]. 求是，2016 (9).
② 梅荣政. 论中国特色社会主义旗帜、道路、理论体系三个范畴之间的内在联系 [J]. 思想理论教育导刊，2009 (4).

史，"一个政权的瓦解往往是从思想领域开始的，政治动荡、政权更迭可能在一夜之间发生，但思想演化是个长期过程。思想防线被攻破了，其他防线就很难守住。我们必须把意识形态工作的领导权、管理权、话语权牢牢掌握在手中，任何时候都不能旁落，否则就要犯无可挽回的历史性错误"①。从这个意义上看，维护意识形态安全是确保国家政治安全的关键环节。

二、在维护意识形态安全的过程中建设社会主义现代化

"中国实现现代化，是人类历史上前所未有的大变革。在人类现代化进程中，实现工业化的国家不超过三十个、人口不超过十亿。我们这个世界上最大发展中国家实现了现代化，意味着比现在所有发达国家人口总和还要多的中国人民将进入现代化行列，其影响将是世界性的。"② 这也决定了我们的社会主义现代化进程必然充满风险挑战，这种风险挑战在意识形态领域显得尤为明显和复杂。前文提到，意识形态安全是关乎旗帜、关乎道路、关乎国家政治安全的大事，这要求新征程中必须重视意识形态建设，在维护意识形态安全的过程中推动社会主义现代化的进程。

意识形态安全为社会主义现代化建设提供精神支撑。我国的现代化建设要以马克思主义和中国特色社会主义为指导思想，确保主流意识形态安全，就是确保社会主义现代化建设精神引领的正确性。从这个意义看，只有捍卫马克思主义的指导地位，使国家意识形态处于安全的状态，我国的社会主义现代化建设才能沿着正确的道路前进。与此同时，社会主义现代

① 习近平关于社会主义文化建设论述摘编 [M]. 北京：中央文献出版社，2017：21.
② 习近平新时代中国特色社会主义思想学习纲要 [M]. 北京：学习出版社，人民出版社，2019：60.

化建设是一项系统性工程，是国家和民族未来很长一段时间的重要发展目标，这意味着这一伟大目标的实现必须依靠中国人民集体的智慧。这便要求人民群众在社会主义现代化建设的新征程上，团结起来、凝聚起来，心往一处想、劲往一处使。人民群众思想上的团结和凝聚，是意识形态安全的重要方面，从这个意义看，只有当国家处于一种高度团结凝聚的精神状态时，社会主义现代化建设才具有强大的精神支撑。总之，意识形态安全是社会主义现代化建设的重要精神支撑。

维护意识形态安全是社会主义现代化建设的要求。新征程是我国社会主义现代化建设向更高层次迈进的阶段。这种更高层次的迈进，必然涉及经济和社会结构的深刻变革、利益格局的深刻调整等各种深层次的变化，这必然使得我国社会面临更大的挑战。当前，"我国正处在大发展大变革大调整时期，国际国内形势的深刻变化使我国意识形态领域面临着空前复杂的情况，各种思想文化相互激荡，不同文明交流交融交锋更加频繁"①。在这种背景下，西方新自由主义、历史虚无主义、"普世价值"论、个人主义、民主社会主义等错误思潮散布于政治、经济、社会、历史、文化等各个领域，它们直指党的指导思想，通过恶意篡改、歪曲事实、摧毁信仰等方式，不断误导人们的认知，挑战马克思主义的指导地位，同时也不断攻击党的领导和社会主义的道路。与此同时，随着我国综合国力的提升，西方国家加紧对我国实施西化战略，两种社会制度下的意识形态斗争愈加激烈。这意味着，社会主义现代化建设中，我国主流意识形态必将面临比以往更为复杂的局面。因此，在抵御风险

---

① 习近平关于社会主义文化建设论述摘编［M］. 北京：中央文献出版社，2017：107.

中维护意识形态安全，是新征程的题中应有之义。

提升国家意识形态安全的风险防范能力是社会主义现代化建设的重要目标。党的十八大以来，以习近平同志为核心的党中央高度重视意识形态工作，并在意识形态建设方面取得了巨大成就。展望新征程，我们在意识形态领域依然面临严峻的挑战，意识形态工作依然极端重要。因此，提升国家意识形态安全的风险防范能力是社会主义现代化建设的重要组成部分。新征程中，我国意识形态安全主要面临来自意识形态自身理论建设、社会引领力和国际影响力几个方面的压力。就意识形态自身理论建设而言，新征程的一个重要任务就是坚持理论创新，确保意识形态契合社会发展的新需要，更好地指导中国实践；就社会引领力而言，关键在于建设好主流意识形态的社会宣传和治理机制，特别要提升网络意识形态的治理能力；就国际影响力而言，关键在于发展中国特色社会主义文化，提升中华文化的国际影响力，提升国家文化软实力。

三、坚持人民安全、政治安全、国家利益至上有机统一

意识形态安全至关重要。做好意识形态工作，必须坚持正确的原则。习近平强调，全面贯彻落实总体国家安全观，要"坚持人民安全、政治安全、国家利益至上的有机统一"①。维护意识形态安全，也要以人民安全为宗旨、以政治安全为根本、以国家利益至上为准则。

意识形态安全以人民安全为宗旨。坚持以人民为中心的发展思想是马

---

① 习近平谈治国理政：第 3 卷 [M]. 北京：外文出版社，2020：218.

克思主义的根本立场，也是维护意识形态安全的根本价值追求。我们强调意识形态安全，从根本上来说是强调人民的安全高于一切。为此，要明确意识形态安全和人民安全的有机统一关系，只有人民群众普遍确立安全感，意识形态安全才有坚实的社会基础，而意识形态安全又将进一步凝聚社会共识，从而增强人民群众的安全感。坚持意识形态安全一切为了人民，"就是要把实现好、维护好、发展好最广大人民根本利益作为出发点和落脚点，坚持以民为本、以人为本"①。尤其需要注意的是，伴随我国社会主要矛盾发生变化，意识形态安全的重点也要相应地向满足人们日益增长的美好生活需要倾斜。巩固党的群众基础和执政基础，不能只强调群众物质生活的满足，还要满足人民在民主、法治、公平、正义、安全、环境等方面的要求。同时，维护意识形态安全还要坚持依靠人民，只有发动人民，充分调动广大人民的积极性，人人参与，人人负责，意识形态安全才有广泛的群众基础。

意识形态安全以政治安全为根本。意识形态安全的核心要义在于政治安全，政治安全指向的是国家政权和制度的安全，最根本的是坚持和巩固党的领导地位。维护意识形态安全，从根本上看，就是要维护中国共产党的执政地位，维护中国特色社会主义制度。政治安全在国家安全中处于基础性地位，一国的经济、文化、军事等的安全，无不以政治安全为基础，无不通过政治安全起作用。历史反复证明，一国如果无法确保其政治安全，那么，国家安全无异于空中楼阁。东欧剧变、苏联解体的历史教训就充分证明，削弱党的领导地位，甚至放弃对国家安全，特别是意识形态工

---

① 习近平谈治国理政：第1卷［M］. 北京：外文出版社，2018：154.

作的领导权，最终将加速政权的瓦解。维护意识形态安全要以政治安全为根本，关键在于坚决维护党的领导，维护社会主义制度。

意识形态安全以国家利益至上为准则。全面贯彻落实总体国家安全观，最高的目标和根本的落脚点在于捍卫国家利益。维护意识形态安全，第一位的是要维护国家利益，尤其是国家的核心利益。国家的核心利益关乎国家主权、关乎国家的生死存亡，是任何主权国家都不容侵犯的红线。国家安全法规定，我国的国家核心利益包含国家政权、国家主权、国家统一和领土完整、人民福祉、经济社会可持续发展等多个方面。《中国的和平发展》白皮书更是将我国的核心利益界定为国家主权、国家安全、领土完整、国家统一、中国宪法确立的国家政治制度和社会大局稳定、经济社会可持续发展的基本保障。意识形态是国家文化软实力的重要组成部分，事关全国、全民族的凝聚力和向心力。提升人民群众对于意识形态的认同，有利于人民自觉地维护国家主权、国家统一，主动践行国家的政治制度，参与国家经济社会等领域的建设。

◀◀◀ 第三节 ▶▶▶

社会主义现代化新征程中考察意识形态安全的维度

维护意识形态安全是社会主义现代化新征程中的重要课题。要充分考虑新征程中我国社会主义现代化建设的基本蓝图和主要方向，结合意识形态工作的特点，考察如何维护我国意识形态安全。具体而言，要从执政主体维度出发，考察中国共产党走好新时代的长征路过程中面临的意识形态安全问题；从经济基础和物质前提维度出发，考察我国建设现代化经济体系过程中面临的意识形态安全问题；从国家发展战略安排维度出发，考察我国深化改革和扩大开放过程中的意识形态安全问题；从国际局势和外部环境维度出发，考察世界百年未有之大变局中的意识形态安全问题；从网络场域维度出发，考察互联网治理体系现代化中的意识形态安全问题。

一、执政主体维度：走好新时代的长征路

党的二十大报告指出："全面建设社会主义现代化国家、全面推进中华民族伟大复兴，关键在党"①。维护意识形态安全的关键也在于坚持党的领导，而坚持党的领导，重点在于提升党的执政能力，破解"历史周期率"，走好新时代的长征路。在长期执政过程中，中国共产党面临的精神懈怠危险、能力不足危险、脱离群众危险、消极腐败危险将长期存在，因此，社会主义现代化新征程中考察意识形态安全的第一个维度就是执政主体维度，这是最根本、最要紧的方面。

走好新征程的长征路，要坚持中国共产党的领导。习近平指出："历史是不断向前的，要达到理想的彼岸，就要沿着我们确定的道路不断前进。每一代人有每一代人的长征路，每一代人都要走好自己的长征路。今天，我们这一代人的长征，就是要实现'两个一百年'奋斗目标、实现中

---

① 习近平. 高举中国特色社会主义伟大旗帜 为全面建设社会主义现代化国家而团结奋斗：在中国共产党第二十次全国代表大会上的报告［M］. 北京：人民出版社，2022：63.

华民族伟大复兴的中国梦。"① 新的长征路就是要实现中华民族伟大复兴，而实现中华民族伟大复兴离不开强有力的领导力量。历史和实践反复证明，没有中国共产党就没有新中国；没有中国共产党的领导，就不会有如今的繁华盛世。"中国特色社会主义最本质的特征是中国共产党领导，中国特色社会主义制度的最大优势是中国共产党领导，党是最高政治领导力量"②。党的领导地位是历史和人民选择的，也是由我国宪法明文规定的。实现中华民族伟大复兴，必须坚持中国共产党领导。然而，近年来在历史虚无主义等错误社会思潮的影响下，出现了恶意丑化领袖、诋毁革命英烈、篡改乃至杜撰历史细节等现象，这些行为的目的是要抹黑中国共产党的形象、贬低中国共产党的历史地位，从而动摇党的领导。习近平在纪念中国人民抗日战争暨世界反法西斯战争胜利75周年座谈会上的讲话中指出："任何人任何势力企图歪曲中国共产党的历史、丑化中国共产党的性质和宗旨，中国人民都绝不答应！"③ 为此，需要积极批判这些错误现象，坚决维护社会主义现代化新征程中党的领导，把党的领导落实到改革发展稳定、内政外交国防、治党治国治军等各领域各方面各环节。

新长征路上，党的自身建设同样关乎意识形态安全。中国共产党在意识形态治理方面面临的挑战还来源于党自身的建设。在长期执政过程中，党内容易出现消极腐败现象，个别党员中也容易出现崇尚个人主义、分散主义、自由主义、享乐主义、奢靡之风等错误思想的问题，这些错误行为

① 习近平谈治国理政：第2卷［M］．北京：外文出版社，2017：48-49.
② 习近平．决胜全面建成小康社会 夺取新时代中国特色社会主义伟大胜利：在中国共产党第十九次全国代表大会上的报告［M］．北京：人民出版社，2017：20.
③ 习近平．在纪念中国人民抗日战争暨世界反法西斯战争胜利75周年座谈会上的讲话［N］．人民日报，2020-09-04.

和错误现象将损害党的形象。人民群众对于中国共产党的认同，将在很大程度上影响人们对于我国主流意识形态的认同。从这个意义看，确保党的群众基础，是保证意识形态安全的重要方式和手段。所谓"打铁还需自身硬"，在社会主义现代化新征程中，要重视加强党的自身建设，全面增强党的执政本领，通过自我革命，永葆党的先进性和纯洁性，来为意识形态安全建设奠定坚实的政治基础。

二、经济基础维度：建设现代化经济体系

马克思主义认为，经济基础决定上层建筑。这意味着，经济基础是社会发展的物质基础，也是维护意识形态安全的基础。随着我国进入新发展阶段，在已有经济发展巨大成就的基础上，人民对于物质生活会提出更高的要求。这进而决定了，在新征程中，从经济基础的维度看，要在现代化经济体系的建设中维护好意识形态安全。

一方面，建设现代化经济体系以确保我国意识形态安全的物质基础。早在春秋时期，管仲就提出"仓廪实则知礼节，衣食足则知荣辱"的观点。经济基础决定上层建筑，我国的意识形态安全从根本上看建立在经济基础安全之上。只有国家富强繁荣、人民群众丰衣足食，国家和人民才有底气，意识形态安全才有坚实的物质基础和社会基础。新时代我国经济发展的基本特征表现在"由高速增长阶段转向高质量发展阶段，面临增长速度换挡期、结构调整阵痛期、前期刺激政策消化期'三期叠加'的复杂局面"[①]。过去，我国实行的是依靠资源、资本、劳动力等要素驱动的粗放型

---

① 中共中央关于党的百年奋斗重大成就和历史经验的决议［M］. 北京：人民出版社，2021：34.

发展模式。进入新发展阶段后，我们强调构筑建立在高质量的供给、高质量的需求、高质量的配置、高质量的投入产出、高质量的收入分配和高质量的经济循环基础上的高质量发展模式。这意味着，在新征程中，我国将面临深化供给侧结构性改革、区域协调发展、乡村振兴、完善社会主义市场经济体系等方面的任务。在新征程中，我国经济还可能面临国际贸易对抗等突发情况。新征程中面临的这些经济发展方面的挑战，都要求中国必须建设成熟先进的社会主义市场经济体制和机制，从而为我国的意识形态安全提供坚实的物质保障。

另一方面，建设现代化经济体系的过程中需要应对相应的意识形态风险。当前，我国经济已由高速增长阶段转向高质量发展阶段，这意味着，在新征程中，我们在经济发展方面，面临转变发展方式、优化经济结构、转换增长动力的转型挑战。经济转型的背后，涉及我国社会结构的深刻变化、利益格局的深度调整。这些变化和调整都将带来社会生活的各类不确定性，这些不确定性又将影响人们的思想观念，并最终在意识形态领域有所反映。与此同时，随着时代的发展，人民群众对美好生活提出更高、更多元化的要求，各种利益诉求日益增多，利益冲突和社会矛盾随之凸显。此外，伴随着我国社会主义市场经济的发展，同经济生活密切相关的新自由主义、消费主义等错误思潮也在我国社会悄然流行，并误导人民群众的观念认知。近年来，一些别有用心者更是通过网络散布"中国经济见顶论""中国经济崩溃论"等论调和"国有经济垄断论""民营经济离场论"等谣言，意在扰乱民心，打击人民群众建设社会主义市场经济的积极性。总之，在建设现代化经济体系的过程中，我们必然会面临多重风险挑战，这些风险挑战又将波及意识形态领域。因此，考察意识形态安全离不开经济基础的维度。为此，要坚持新发展理念，坚持问题导向，积极应对经济生活领域可能出现的问题，从根本上消除意识形态风险在经济基础方面的诱因。

三、发展战略维度：坚定不移深化改革开放

意识形态安全同国家发展的动向，特别是同国家的战略部署密切相关。党的十一届三中全会以来，我国始终坚持改革开放的基本国策。党的十八届三中全会确立全面深化改革的战略部署，"十四五"规划进一步提出坚持深化改革开放的目标。党的二十大报告明确提出："深入推进改革创新，坚定不移扩大开放，着力破解深层次体制机制障碍，不断彰显中国特色社会主义制度优势，不断增强社会主义现代化建设的动力和活力，把我国制度优势更好转化为国家治理效能。"[①] 党的二十届三中全会更是审议通过了《中共中央关于进一步全面深化改革 推进中国式现代化的决定》，"全会通过的《决定》，紧紧围绕推进中国式现代化这个主题擘画进一步全面深化改革战略举措，是指导新征程上进一步全面深化改革的纲领性文件"[②]。踏上新征程，我国仍将坚定不移地深化改革和扩大开放，但深化改革将打破原有利益格局，在一定程度上会带来意识形态方面的风险；扩大开放的同时，西方的多元价值观念也将随之进入中国，影响中国社会群众思想动态，这也会给意识形态安全带来挑战。

一方面，新征程中全面深化改革的战略布局同国家意识形态安全息息相关。当前，改革走到了一个新的历史关头。新征程上，我国需要解决不

---

① 习近平. 高举中国特色社会主义伟大旗帜 为全面建设社会主义现代化国家而团结奋斗：在中国共产党第二十次全国代表大会上的报告 [M]. 北京：人民出版社，2022：27.

② 本报评论部. 为中国式现代化提供强大动力和制度保障 [N]. 人民日报，2024-07-19.

平衡不充分发展的问题，需要回应人民群众对美好生活的新期待，也需要构建新发展格局。坚定不移推进改革，才能破解发展面临的一系列突出矛盾和问题。但也应看到，"随着实践发展，一些深层次体制机制问题和利益固化的藩篱日益显现，改革进入攻坚期和深水区"①，改革的复杂性、敏感性、艰巨性更加突出。这种新的境况必然会对人民群众的生产生活产生重要的影响，特别是当人民群众的生活受到负面影响时，利益上的变动将波及思想观念，从而影响意识形态安全的社会基础。对此，唯一的破解办法就是迎难而上，明确问题所在，"坚决破除一切不合时宜的思想观念和体制机制弊端，突破利益固化的藩篱，激发全社会创造力和发展活力"②，从根源上破解问题，从改革层面确保我国的意识形态安全。

另一方面，新征程中扩大开放的战略安排也同国家意识形态安全密切相关。坚持改革开放既是我国的基本国策，也是决定当代中国前途命运的关键一招。"开放带来进步，封闭必然落后。"③ 正是由于坚持打开国门搞建设，我国持续快速发展才有了强劲动力。"中国开放的大门不会关闭，只会越开越大。"④ 扩大开放对于我们接触新的思想、学习国外先进的科学技术，具有积极作用。然而，也应看到，扩大开放的过程必然也会带来意识形态上的风险。随着国门的进一步扩大，来自西方世界的价值观念必然会进一步涌入我国社会，西方社会思潮对于我国社会思想领域的冲击也将变

---

① 中共中央关于党的百年奋斗重大成就和历史经验的决议［M］. 北京：人民出版社，2021：36 - 37.

② 习近平. 抓住世界经济转型机遇 谋求亚太更大发展：在亚太经合组织工商领导人峰会上的主旨演讲［N］. 人民日报，2017 - 11 - 11.

③ 同①38.

④ 习近平. 决胜全面建成小康社会 夺取新时代中国特色社会主义伟大胜利：在中国共产党第十九次全国代表大会上的报告［M］. 北京：人民出版社，2017：34.

得更强。必须清醒地看到，新征程上，资本主义社会和社会主义社会之间的意识形态斗争依然激烈，以美国为代表的西方资本主义社会依然热衷于通过"和平演变""颜色革命"的方式进行思想殖民，特别是借助网络媒介、学术研究等途径，大肆宣扬历史虚无主义、民主社会主义、"儒化中国"等错误思潮，意在搞乱我国主流意识形态，并企图达到颠覆党的领导和社会主义政权的目的。因此，在进一步扩大开放的同时，要充分考虑到意识形态方面所面临的风险，并在稳步扩大开放的过程中，历练我国意识形态的防御和斗争能力，从而确保我国意识形态安全。

四、外部环境维度：世界百年未有之大变局

对于一国意识形态安全的考察，不仅要关注国内的环境和条件，更应放眼全球，从人类命运共同体的视域出发，在更高的格局中加以把握。当今世界是一个国际交往极其密切，不同国家思想观念交互融合、难以分割的世界，更是处于一种政治中心转移、经济实力此消彼长、文化多样交融、东西力量格局重塑的百年未有之大变局中。在这样一种背景下，对于国家意识形态安全的考察，更应当超越国家和地区的限制，从世界百年未有之大变局中，辨明维护意识形态安全所面临的挑战和应对之道。

外部环境是影响国家意识形态安全的重要因素。唯物辩证法认为，世界处于普遍联系之中，任何事物都相互影响、相互作用、相互制约；对于事物发展而言，内因起决定作用，但外因也发挥关键性的影响作用。就国家意识形态安全而言，国家本身内部条件起决定性作用，但世界总是处于普遍联系之中，不能脱离外部因素即国际环境来孤立地看待。这是因为，一方面，中国的发展形势总是脱离不了世界总体发展形势而孤立存在。当

今世界全球化日益深入，世界是一个有机的统一体，这种统一关涉政治、经济、文化、科技、军事等各个方面。在这样一种背景下，中国的意识形态安全，必然要建立在对全球关系，特别是大国关系的充分考察之上。另一方面，从一定程度上看，当今世界百年未有之大变局，很大意义上是由中国国家实力的提升所引起的。特别是在国际格局方面，中国的崛起对于整个世界形势都有深刻的影响。与此同时，中国是世界上最有影响力的社会主义国家。而社会主义国家的力量从世界范围看，相对于资本主义，总体上处于弱势。在这一局面下，新一轮大国博弈中，西方资本主义社会对于中国社会以及中国的意识形态必将保持高度的关注，甚至带有一定程度的敌视态度。因此，当我们谈论中国的意识形态安全时，必然要考察世界总体形势，特别是要考察当前以及未来很长时间所面临的百年未有之大变局的形势。

百年未有之大变局是新征程上维护我国意识形态安全面临的新局势。百年未有之大变局是当代国际关系深层变革的外在表现，包括新一轮科技革命和产业变革深入发展、国际格局和国际体系深刻调整、全球治理体系深刻变革、国际力量对比正在发生革命性变化、世界范围呈现影响人类历史进程和趋向的重大态势等方面。近代以来，西方一直主导着全球的经济、政治、军事、文化、科技等各个领域。但是，经过百余年的艰苦奋斗，以中国为代表的发展中国家不断崛起，不仅在经济上获得巨大成功，还在政治、军事、文化、科技等各个领域发挥着越来越重要的影响力。特别是进入 21 世纪以来，以中国为代表的发展中国家以及整个东方社会，在国际政治领域掌握着越来越多的话语权。这也使得以往由一个或几个强国主导的国际局面被打破，全球权力"东升西降"的形势悄然出现，世界越来越走向一种多极对话、全球共同参与的新的治理格局。党的十八大以来，中国共产党领导中国人民在世界范围内积极开展"一带一路"合作倡议，倡导人类命运共同体的价值理念，并获得广泛的国际认同。这种新的国际格局，一方面，使得我国的意识形态受到全世界范围内更广泛的关注，并在一定程度上积累了良好的国际口碑；另一方面，也使得部分西方国家变得更为紧张和警惕，西方社会更是借机在全球范围内鼓吹"文明冲突论""中国威胁论"，同时也宣扬"西方文明优越论"和"普世价值"，这些狭隘、错误的西方中心主义论调在一定程度上威胁着我国的意识形态安全。此外，世界上的不稳定性、不确定性明显增加，单边主义、保护主义、霸权主义盛行，国际贸易战等"黑天鹅"事件刺激和影响着国际关系，这些都给我国的意识形态安全带来较大压力。总之，考察新征程中我国意识形态安全，不能脱离世界百年未有之大变局的新局势。

五、网络场域维度：互联网治理体系现代化

中国互联网络信息中心发布的第 53 次《中国互联网络发展状况统计报告》显示，截至 2023 年 12 月，我国网民规模达 10.92 亿。显然，我国已经是名副其实的网络大国。并且，互联网已成为舆论斗争的主战场。党的十八大以来，习近平高度重视互联网的治理工作，强调"没有网络安全就没有国家安全；过不了互联网这一关，就过不了长期执政这一关"①，要求"加强互联网内容建设，建立网络综合治理体系，营造清朗的网络空

---

① 习近平谈治国理政：第 3 卷［M］. 北京：外文出版社，2020：317.

间"①。在这样的背景下，探讨我国的意识形态安全问题，必然要从互联网治理体系现代化的维度加以把握。

互联网深刻影响着网民的认知，也影响着意识形态的安全。日常生活网络化是当下社会生活的常态，互联网对人的影响是巨大的。对于个体而言，网络是影响世界观、人生观和价值观的重要场域，网络力量深刻塑造着个体的认知。互联网在传递大量信息资源的同时，也在传递多元价值观。当前，网络世界价值观多元化，且拜金主义、享乐主义、极端个人主义和历史虚无主义等错误思潮风起云涌，一些不健康、错误甚至反动的信息在网上流传，使得网络空间污浊起来，严重影响人们的认知，给意识形态安全造成巨大影响。并且，互联网舆论传播极易对现实的社会问题和矛盾产生放大催化作用，特别是一些片面、极端的舆论，极易混淆人们的认知，甚至在人们中间引发焦虑乃至敌对的心理，给国家治理和国家安全带来挑战。此外，"从世界范围看，网络安全威胁和风险日益突出，并日益向政治、经济、文化、社会、生态、国防等领域传导渗透"②。网络空间中，多元主体参与争夺主流意识形态阵地的趋势愈加明显；特别是过去很长一段时间，一些境外势力有意扶植网络"大V"和所谓的"公知"等敌对力量，在网络上发布错误的极端言论，攻击主流意识形态，攻击我国社会制度，攻击党和政府，给网络空间乃至整个社会的思想领域造成极大冲击。上述各类因素，都是新征程中网络空间面临的意识形态风险，是我们必须直面的问题。

---

① 习近平. 决胜全面建成小康社会 夺取新时代中国特色社会主义伟大胜利：在中国共产党第十九次全国代表大会上的报告 [M]. 北京：人民出版社，2017：42.

② 习近平关于社会主义文化建设论述摘编 [M]. 北京：中央文献出版社，2017：51.

要在推进网络治理体系现代化的过程中维护意识形态安全。党的十九届四中全会将网络治理体系现代化作为国家治理体系现代化的重要组成部分。习近平强调："网络安全和信息化是事关国家安全和国家发展、事关广大人民群众工作生活的重大战略问题"①。可见，网络治理的现代化转型是国家级战略部署的重要组成部分，既涉及对互联网规律的把握能力和网络舆论引导能力的建设，也涉及网络内容建设和管理、网络舆情监管机制、网络生态建设等内容。网络治理体系现代化面临的各环节，也正是意识形态安全面临风险的重要环节。从长远看，要建立健全信息基础设施的网络安全防护机制、网络安全事件的应急指挥机制，"形成党委领导、政府管理、企业履责、社会监督、网民自律等多主体参与，经济、法律、技术等多种手段相结合的综合治网格局"②，还要发展网络安全的相关产业。从短期看，要及时关注网络舆情，全面提升网络舆论引导能力，及时批判各类错误思潮，有效引导舆论，维护意识形态安全。

---

① 习近平谈治国理政：第1卷［M］. 北京：外文出版社，2018：197.
② 习近平新时代中国特色社会主义思想学习纲要［M］. 北京：学习出版社，人民出版社，2019：153.

第二章

百年大党思想建设中的意识形态安全问题

　　抓好百年大党的思想建设，事关我国意识形态安全，事关中国共产党长期执政。我们党作为世界上最大的马克思主义执政党，要始终赢得人民拥护、巩固长期执政地位，必须时刻保持解决大党独有难题的清醒和坚定。在迈向全面建设社会主义现代化国家新征程上，要"坚持不懈用新时代中国特色社会主义思想凝心铸魂"，"全面加强党的思想建设"，"自觉做共产主义远大理想和中国特色社会主义共同理想的坚定信仰者和忠实实践者"①。在主持二十届中共中央政治局第十五次集体学习时，习近平进一步强调，"必须抓好思想建设这个基础，坚持不懈推进党的创新理论武装，持之以恒加强党性教育"②。唯有全面加强党的思想建设，才能使全党自觉克服个人主义、分散主义、自由主义、本位主义和好人主义等错误思想，才能应对好意识形态领域的风险挑战，夯实百年大党的意识形态底色，筑牢意识形态安全的坚固屏障。

◀◀◀　第一节　▶▶▶

党的思想建设为社会主义现代化新征程引航

　　党的思想建设，本质上是意识形态建设。加强思想建设是党领导社会

　　① 习近平. 高举中国特色社会主义伟大旗帜 为全面建设社会主义现代化国家而团结奋斗：在中国共产党第二十次全国代表大会上的报告［M］. 北京：人民出版社，2022：65.
　　② 习近平在中共中央政治局第十五次集体学习时强调 贯彻落实新时代党的建设总要求 进一步健全全面从严治党体系［N］. 人民日报，2024-06-29.

主义现代化的重要条件。党的十八大以来，以习近平同志为核心的党中央高度重视党的思想建设，以钉钉子精神纠治"四风"，反对特权思想和特权现象，刹住了一些长期没有刹住的歪风，纠治了一些多年未除的顽瘴痼疾，使全党的思想更加团结统一、意识形态主旋律更加响亮、正能量更加强劲、文化自信得到彰显。全面建设社会主义现代化国家，是一项伟大而艰巨的事业，前途光明，任重道远。只有不断加强党的思想建设，才能使全党紧跟意识形态新态势，切实增强社会主义意识形态的凝聚力和引领力，使社会主义现代化新征程朝着正确的方向前进。

一、科学的思想旗帜为社会主义现代化指引前进方向

中国共产党自诞生以来，就高举马克思主义伟大旗帜，坚持以科学的理论武装头脑。马克思主义是我们立党立国、兴党兴国的根本指导思想。党的二十大报告指出："拥有马克思主义科学理论指导是我们党坚定信仰信念、把握历史主动的根本所在。"① 背离或放弃马克思主义，我们党就会失去灵魂，社会主义现代化就会迷失方向。马克思指出，"如果从观念上来考察，那么一定的意识形式的解体足以使整个时代覆灭"②。苏联解体就是惨痛的历史教训，在指导思想上搞多元化、动摇马克思主义指导地位就是自掘坟墓。以史为鉴知兴替，习近平指出，"中国是一个大国，决不能在根本性问题上出现颠覆性错误，一旦出现就无法挽回、无法弥补"③。新征程上，世界百年未有之大变局和中华民族伟大复兴战略全局的历史交汇，

---

① 习近平 . 高举中国特色社会主义伟大旗帜 为全面建设社会主义现代化国家而团结奋斗：在中国共产党第二十次全国代表大会上的报告 [M]. 北京：人民出版社，2022：16.
② 马克思恩格斯文集：第 8 卷 [M]. 北京：人民出版社，2009：170.
③ 习近平 . 在全国党校工作会议上的讲话 [M]. 北京：人民出版社，2016：14.

包含着资本主义和社会主义制度体系、价值体系冲突加剧，意识形态领域斗争性和复杂性更为突出的时代挑战，对维护意识形态安全提出了更具主动性、前瞻性的时代要求。当前，必须高举马克思主义中国化时代化最新理论成果的伟大旗帜，坚持以习近平新时代中国特色社会主义思想为指导，在任何时候任何情况下都不能动摇。在纷繁复杂的意识形态斗争面前，中国共产党人只有以科学的理论为指引，自觉与党中央保持高度一致，增强"四个意识"，坚定"四个自信"，做到"两个维护"，以建设具有强大凝聚力和引领力的社会主义意识形态为使命，才能同全体人民在理想信念、价值理念、道德观念上紧紧团结在一起，把习近平新时代中国特色社会主义思想转化为坚定理想、锤炼党性和指导实践、推动工作的强大力量。

二、坚定的理想信念为社会主义现代化注入精神动力

理想信念是共产党人精神上的"钙"。习近平指出："共产主义远大理想和中国特色社会主义共同理想，是中国共产党人的精神支柱和政治灵魂，也是保持党的团结统一的思想基础。"① 只有坚定理想信念，才能筑牢拒腐防变的思想根基，才能为社会主义现代化提供强大的精神动力。自近代以来，走向现代化是社会发展的总趋势和人民根本利益之所在。中国共产党一经诞生，就把为中国人民谋幸福、为中华民族谋复兴确立为自己的初心使命，带领广大人民创造了新民主主义革命的伟大成就、社会主义革命和建设的伟大成就、改革开放和社会主义现代化建设的伟大成就、新时

---

① 习近平谈治国理政：第 3 卷［M］．北京：外文出版社，2020：49.

代中国特色社会主义的伟大成就。中国共产党领导的中国式现代化之路，就是党自觉践行理想信念的实践之路。中国共产党的百余年的奋斗历程证明，没有中国共产党人坚定的理想信念，社会主义现代化就没有精神支撑和根本引领，中华民族伟大复兴的历史伟业也就无法赓续。可以说，坚定的理想信念是确保中国共产党人能够经受住任何考验的精神支柱，也是使得中国共产党人能够领导广大人民实现全面建设社会主义现代化国家的底气和信心。新时代以来，我们党之所以能够在革命性锻造中更加坚强有力，推动党和国家事业取得历史性成就、发生历史性变革，很重要的一条，就在于始终把思想建设作为党的基础性建设来抓，坚持不懈用习近平新时代中国特色社会主义思想凝心铸魂，使全党始终保持统一的思想、坚定的意志、协调的行动、强大的战斗力，扎实推进社会主义现代化建设。

三、强大的理论自信守牢现代化的社会主义根本性质

坚持中国道路是党百年奋斗积累的宝贵经验。走符合中国国情的社会主义现代化道路，守牢现代化的社会主义性质，是实现中华民族伟大复兴的正确方向。中国式现代化是中国共产党领导的社会主义现代化，具有鲜明的社会主义属性。由于工业革命首先从西方发轫，现代社会生产力能量爆发以资本主义社会制度为载体，于是便衍生出"现代化＝西方化"等片面性错误认知。西方资产阶级国家为现代化贴上"市场化""自由化""私有化"的标签，将各国实现现代化的道路视为单选题，认定现代化只有西方模式这条道路，由此形成话语霸权，极力渲染"西方中心主义"，鼓吹"非意识形态化"，制造思想陷阱。"非意识形态化"是西方现代资产阶级政党掩盖其阶级本质的面纱，也是西方和平演变社会主义制度的重要手段。

按照马克思主义的唯物史观，意识形态是上层建筑的构成部分，任何一种制度都有与其相适应的意识形态，现代化进程中根本不存在"非意识形态化"的问题。迈向社会主义现代化新征程，必须加强党的思想建设，以坚定的理论自信抵制"非意识形态化"论调，守牢我国现代化的社会主义性质。现代化不是单选题。历史条件的多样性，决定了各国选择发展道路的多样性。由于各国的条件和环境不同，现代化没有现成的模式可依。习近平指出："独特的文化传统，独特的历史命运，独特的基本国情，注定了我们必然要走适合自己特点的发展道路。"① 因此，迈上全面建设社会主义现代化国家新征程，必须坚定中国特色社会主义道路自信、理论自信、制度自信、文化自信，破除西方现代化理论的藩篱，将马克思主义基本原理同中国具体实际相结合、同中华优秀传统文化相结合，以中国式现代化理论指导我国实践，始终坚守我国现代化建设的社会主义性质和鲜明的中国特色。

◀◀◀ 第二节 ▶▶▶

思想防线被攻破了，其他防线就很难守得住

　　新征程上，党面临的执政环境是复杂的，影响党的先进性、弱化党的

---

① 习近平谈治国理政：第 1 卷 ［M］. 北京：外文出版社，2018：156.

纯洁性的因素也是复杂的。堡垒最容易从内部攻破，要清醒地认识到党内思想不纯、组织不纯、作风不纯等问题依然存在，"四大考验"和"四大危险"具有长期性和复杂性，这些问题源于理论学习不深入、理想信念不坚定、人民立场不稳固、拒腐防变意识弱，归根到底是意识形态的问题。习近平指出："历史和现实都警示我们，思想舆论阵地一旦被突破，其他防线就很难守得住。在意识形态领域斗争上，我们没有任何妥协、退让的余地，必须取得全胜。"①

一、思想武装必须跟上理论创新步伐

指导思想是一个政党的精神旗帜。中国共产党自成立之日起，就将马克思主义作为指导思想写在了自己的旗帜上，马克思主义理论不是教条而是行动指南，必须随着实践发展而发展，必须推进马克思主义中国化时代化。坚持理论创新是中国共产党百年奋斗所取得的宝贵经验。党的十八大以来，以习近平同志为主要代表的中国共产党人，坚持把马克思主义基本原理同中国具体实际相结合、同中华优秀传统文化相结合，坚持毛泽东思想、邓小平理论、"三个代表"重要思想、科学发展观，深刻总结并充分运用党成立以来的历史经验，从新的实际出发，创立了习近平新时代中国特色社会主义思想。这一思想是当代中国马克思主义、21世纪马克思主义，是中华文化和中国精神的时代精华，实现了马克思主义中国化时代化新的飞跃。理论创新每前进一步，思想武装就要跟进一步。全党必须坚持将以习近平新时代中国特色社会主义思想武装头脑作为党的思想建设的根

---

① 习近平关于社会主义文化建设论述摘编 [M]. 北京：中央文献出版社，2017：37.

本任务，通过思想武装来增强"四个意识"、坚定"四个自信"、做到"两个维护"，从思想上正本清源、固本培元，筑牢信仰之基、补足精神之钙、把稳思想之舵。这不仅是党始终走在时代前列的思想保障，更是我国意识形态安全的思想根基。迈向新征程，《中共中央关于党的百年奋斗重大成就和历史经验的决议》中指出，"世界范围内社会主义和资本主义两种意识形态、两种社会制度的历史演进及其较量发生了有利于社会主义的重大转变"①。但是，习近平总书记时刻提醒全党全社会要清醒地认识到意识形态领域斗争的长期性、复杂性和艰巨性。意识形态领域的斗争本质上是信仰、主义和制度之争。新征程上，意识形态领域要进行许多具有新的历史特点的伟大斗争，只有始终坚持以党的理论创新成果武装头脑，在根本原则问题上不做"骑墙派"和"看风派"，不搞"爱惜羽毛"那一套，"坚决防止和克服嗅不出敌情、分不清是非、辨不明方向的政治麻痹症"②，不断增强敢于亮剑的意识、提升善于斗争的能力，才能避免在根本性、方向性问题上犯颠覆性错误。总之，习近平新时代中国特色社会主义思想是在实践中不断丰富和发展的理论体系，实践发展永无止境，理论创新也永无止境，思想武装也就永无止境。

二、理想信念的动摇是最危险的动摇

坚定的理想信念是共产党人安身立命的根本。马克思主义信仰、共产主义远大理想、中国特色社会主义共同理想，是中国共产党人的精神支柱

---

① 中共中央关于党的百年奋斗重大成就和历史经验的决议 [M]. 北京：人民出版社，2021：63 - 64.

② 习近平. 增强推进党的政治建设的自觉性和坚定性 [J]. 求是，2019（14）.

和政治灵魂,也是保持党的团结统一的思想基础。习近平指出:"功成名就时做到居安思危、保持创业初期那种励精图治的精神状态不容易,执掌政权后做到节俭内敛、敬终如始不容易,承平时期严以治吏、防腐戒奢不容易,重大变革关头顺乎潮流、顺应民心不容易。"① 中国共产党成立以来,之所以能够战胜各种风险挑战,原因之一在于始终保持坚定不移的理想信念。新征程上,信仰缺失问题依然存在,有的人虽然高喊共产主义,背地却嘲笑共产主义是虚无缥缈的幻想,认为共产主义高不可攀,精神世界空虚乏味。理想信念是共产党人精神上的"钙",缺"钙"就会得"软骨病"。当前,全面建成小康社会的第一个百年奋斗目标已经实现,部分党员干部对前进道路上的风险挑战估计不足,容易出现承平日久、精神懈怠的心态。有的觉得现在已经可以好好喘口气、歇歇脚,做做安稳官、太平官了;有的觉得"船到码头车到站",不思进取,搞庸政懒政,混日子;有的为个人打算多了,患得患失,不敢担当却贪图名利、享受;有的习惯当"传声筒""中转站",遇到困难绕着走、碰到难题往上交,缺乏攻坚克难的锐气和斗志。这些理想信念不坚定的表现,不仅会使人在纷繁复杂的新征程中迷失方向,而且会使一个政党像一盘散沙,形不成凝聚力。总之,理想信念动摇是最危险的动摇,"坚定理想信念,对党绝对忠诚,是党和人民对国家安全机关的一贯要求,新的历史条件下仍然要坚定不移坚持和加强"②。执政时间越长,越要有如履薄冰的谨慎和居安思危的忧患,越要依靠坚定的理想信念跳出"历史周期率"的支

---

① 习近平在学习贯彻党的十九大精神研讨班开班式上发表重要讲话强调 以时不我待只争朝夕的精神投入工作 开创新时代中国特色社会主义事业新局面 [N]. 人民日报,2018-01-06.

② 习近平关于总体国家安全观论述摘编 [M]. 北京:中央文献出版社,2018:9.

配。中国共产党在带领广大人民奋进新征程的过程中，如果能一直保持"赶考"的清醒，始终坚定理想信念，就能永葆朝气活力，国家就会长治久安。

三、党性和人民性一致的观点不能忘

中国共产党来自人民，党的根基和血脉在人民。中国共产党的历史充分证明，江山就是人民，人民就是江山，人心向背关系党的生死存亡。"党性是高度发展的阶级对立的结果和政治表现"①，人民性从本质上说是为了谁、依靠谁的问题。坚持党性和人民性的统一是中国共产党始终坚持和践行的政治立场，是关乎意识形态前进方向和持久安全的重大问题。丢掉党性，就是主动放弃意识形态领导权；丢掉人民性，就是将争夺民心的机会拱手让人。中国共产党之所以能够将党性和人民性统一起来，是因为中国共产党以全心全意为人民服务为宗旨，没有自己的特殊利益，党的意志就是人民意志的体现。从本质上说，坚持党性就是坚持人民性，坚持人民性就是坚持党性，党性寓于人民性之中，没有脱离党性的人民性，也没有脱离人民性的党性。就是这样一个可以展现党的政治优势、本来有着明确答案的问题，却有个别领导干部在理论上试图回避，认为不好讲清楚，甚至在现实工作中制造混乱。例如，有人公然叫嚣"你是替党说话，还是替老百姓说话"，以人民群众数量远超党员数量为依据，大讲"人民性大于党性"，故意将党性和人民性割裂开来、对立起来。党性和人民性的关系成为新征程中维护意识形态安全不可回避

---

①　列宁全集：第13卷［M］．北京：人民出版社，2017：273．

的问题。习近平指出，"坚持党性和人民性相统一，就是要坚持讲政治，把握正确导向，把体现党的主张和反映人民心声统一起来。只有坚持党性、站在党的立场上，才能更好、更全面反映人民愿望"①。只有始终坚持党性和人民性从来都是一致、统一的观点，并将其贯穿于全部的意识形态工作中，才能使广大人民群众真心支持社会主义意识形态建设，自觉维护我国意识形态安全。总之，把党性和人民性对立起来的论调，在思想上是糊涂的，在理论上是错误的，在实践上是有害的，党性和人民性从来都是一致、统一的观点不能忘。

四、牢牢守住拒腐防变的思想道德防线

思想纯洁是马克思主义政党保持纯洁性的根本，道德高尚是领导干部做到清正廉洁的基础。消极腐败同中国共产党的先进性和纯洁性是不相容的。消极腐败极易造成思想上的自我退化，进而导致政治上变质、经济上贪婪、道德上堕落、生活上腐化。腐败的滋生和蔓延不仅败坏党的形象，同时也严重影响群众对党执政的认同，必然会对我国意识形态安全造成直接的冲击。党的二十大报告指出："我们开展了史无前例的反腐败斗争，以'得罪千百人、不负十四亿'的使命担当祛疴治乱，不敢腐、不能腐、不想腐一体推进，'打虎'、'拍蝇'、'猎狐'多管齐下，反腐败斗争取得压倒性胜利并全面巩固，消除了党、国家、军队内部存在的严重隐患，确保党和人民赋予的权力始终用来为人民谋幸福。"② 但是，要走好新时代长

---

① 习近平关于社会主义文化建设论述摘编 [M]. 北京：中央文献出版社，2017：26.
② 习近平. 高举中国特色社会主义伟大旗帜 为全面建设社会主义现代化国家而团结奋斗：在中国共产党第二十次全国代表大会上的报告 [M]. 北京：人民出版社，2022：13-14.

征路，稳步迈向新征程，必须坚持全面从严治党，需要具备永远在路上的担当和精神。习近平指出："当前，同向社会主义现代化强国进军的伟大社会革命相比，党的自身建设上还存在一些不匹配、不适应的地方，一些弱化党的先进性、损害党的纯洁性的问题具有很大的危险性和破坏性，特别是党风廉政上的一些问题具有反复性和顽固性，稍不注意就会反弹回潮、前功尽弃"①。腐败是中国共产党长期执政面临的最大威胁，全面从严治党一直在路上，新征程上更不能有任何松懈。当前，有效防止新矛盾新问题滋生蔓延、有效防范已经解决的矛盾和问题反弹回潮的制度有待健全，党员干部政德有待进一步锤炼，接受权力监督、不想腐的自觉有待提升，等等，这些都需要通过改革和制度创新得以解决。对此，《中共中央关于进一步全面深化改革 推进中国式现代化的决定》指出："完善一体推进不敢腐、不能腐、不想腐工作机制，着力铲除腐败滋生的土壤和条件。"② 同时，还应警惕庸俗腐朽的政治文化。党内政治文化风清气正，会对党员干部产生潜移默化的积极影响。相反，关系学、厚黑学、官场术、"潜规则"等庸俗政治文化充斥着党内政治生活，势必会诱发贪污腐败的行为。只有加强新时代廉洁文化建设，才能使政治生态清明、从政环境优良。总之，"反对腐败、建设廉洁政治，是党一贯坚持的鲜明政治立场，是人民关注的重大政治问题。这个问题解决不好，就会对党造成致命伤害，甚至亡党亡国"③。

① 习近平. 在党史学习教育动员大会上的讲话 [M]. 北京：人民出版社，2021：10.
② 中国共产党第二十届中央委员会第三次全体会议文件汇编 [M]. 北京：人民出版社，2024：72.
③ 十八大以来重要文献选编：上 [M]. 北京：中央文献出版社，2014：42.

◀◀◀ 第三节 ▶▶▶

越是长期执政越要自觉克服党内错误思想

在全面建设社会主义现代化国家的新征程上，永葆党的先进性和纯洁性，使党成为意识形态安全的坚决维护者和坚定捍卫者，必须克服个人主义、分散主义、自由主义、本位主义和好人主义的错误思想。

一、反对个人主义：不能站在人民利益的对立面

党内个人主义是把个人意志和利益放在第一位的，不符合党的性质和宗旨的错误思想作风。个人主义是集体主义的对立面，本质上是资产阶级、小生产者世界观和道德准则的具体体现。党的十八大以来，习近平总书记高度重视党员干部存在的个人主义问题，他指出，"一些地方和部门自由主义、分散主义、好人主义、个人主义盛行，有的是搞家长制、独断专行，以至于一些人不知党内政治生活为何物，是非判断十分模糊"①。《关于新形势下党内政治生活的若干准则》和《中国共产党党内监督条例》将个人主义作为党内亟待解决的突出矛盾和问题。克服党内个人主义，要

---

① 习近平 . 在党的群众路线教育实践活动总结大会上的讲话 ［M］. 北京：人民出版社，2014：19.

从把握其多种表现着手：其一，计较地位，唯利是图，攀比享受。信奉个人主义的党员始终为他的自私自利和个人主义辩护。特别是面对名利问题，比级别、比阔气、比享受，争名誉、争地位、争职位，不比艰苦奋斗，不比多做工作。对于这种不良思想作风，要坚决抵制。其二，背弃宗旨，脱离集体，腐化堕落。个人主义和中国共产党全心全意为人民服务的宗旨相背离。个人主义者心中只装着自己的小九九，而党和人民的利益在他们心中却没有半点位置。个人主义者甚至利用工作便利和条件，为自己谋取私利。党和人民赋予的权力在个人主义者眼里不是责任，而是"私人财产"，他们以权谋私，搞权钱交易，为自己升迁铺路，大搞形象工程，只求上级点赞，结果劳民伤财，损害党和人民利益，掉进了腐化堕落的深渊，甚至走上违法犯罪的道路。其三，拒不服从，拉帮结派，搞变通、打折扣。个人主义思想在党内的蔓延，严重的表现是将自己摆在党组织之上，拒不服从党组织，以自己的利益为标准开展工作，在工作中对党中央的决策部署、党组织的指示决定掺沙子放水，在政治上要两面派，嘴巴上紧跟党中央，暗中却夹带私货，搞团团伙伙、拉帮结派，破坏党的团结和集中统一，甚至走上破坏党、分裂党的罪恶道路。总之，个人主义是共产党员的大敌，要保持高度警惕，自觉捍卫党的先进性和纯洁性。

二、反对分散主义：不能走向极端民主的死胡同

党内分散主义是违反民主集中制原则、损害党的集中统一领导的错误思想作风。党的十八大以来，习近平总书记旗帜鲜明地反对分散主义，党中央先后出台了多项关于民主集中制的准则和条例，对遏制党内一段时期以来形成的分散主义之风起到了积极的效果。分散主义是一种极端民主化

的思想倾向。极端民主化片面地理解民主，认为民主就是不要权威、不要集中，它是破坏党的纪律、削弱民主集中制的麻醉剂，是损害党的形象、影响国家战略布局的催化剂，是滋生党内腐败、使腐败现象有禁不止的助长剂。坚决抵制党内分散主义的不良影响，必须认清分散主义的主要表现：其一，自由散漫，无组织无纪律。《关于新形势下党内政治生活的若干准则》强调："纪律严明是全党统一意志、统一行动、步调一致前进的重要保障，是党内政治生活的重要内容。"[①] 然而，某些党员非但没有绷紧纪律这根弦，而且对于是非和原则也缺乏足够清醒的认识，在组织生活中自由散漫，不愿意接受组织的统一领导和监督，游离于党组织之外。其二，不顾大局，实行地方保护。分散主义在地方政府和党组织内，体现为违背党和国家的集中统一政策、计划和纪律，擅自做主，为维护自身利益搞地方保护和部门封锁等，究其根源是政治意识、大局意识、核心意识、看齐意识不强，奉行"我的地盘我做主"。其三，恶意违抗，反对民主集中。民主集中制是党的根本组织原则。《中国共产党章程》明确规定："党是根据自己的纲领和章程，按照民主集中制组织起来的统一整体。"[②] 而沾染分散主义作风的部分党员不遵从民主集中制原则，不愿接受党中央和上级的领导和指挥，拒不执行党中央和上级的决定。总之，党内分散主义破坏党的团结和集中统一，污染党内政治生态，要坚决抵制这种错误行为和倾向，发挥好民主集中制的优势。广大党员要坚决维护党中央权威，牢固树立"四个意识"，始终坚定"四个自信"，坚决做到"两个维护"，把党中央决策部署落到实处。

---

① 关于新形势下党内政治生活的若干准则 [M]. 北京：人民出版社，2016：16.
② 中国共产党章程 [M]. 北京：人民出版社，2022：17.

三、反对自由主义：不能躺在自由散漫的温床上

党内自由主义是一种无视党的原则和宗旨，无视党的规则规约，为了达到自己的目的而不择手段，放任自我的错误思想作风。在全面抗战初期，毛泽东在《反对自由主义》一文中就明确批判了自由主义，以保持党的生命力。当前，在全面建设社会主义现代化国家新征程上，自由主义依然存在于我们党内，是党的纪律的涣散剂，是党的生活的腐蚀剂。旗帜鲜明地反对党内自由主义，要从把握其主要表现着手：其一，在错误言行面前不讲原则、不作斗争。部分党员不能坚持党的基本路线，不能贯彻民主集中制的原则，既不同贪图享受、消极懈怠、回避矛盾的思想和行为作斗争，也不同削弱、歪曲、否定党的领导和我国社会主义制度的言行作斗争，还不同损害人民利益、脱离群众、分裂祖国、破坏民族团结与社会和谐稳定的行为作斗争。其二，在工作和生活中不思进取。作为共产党人，党员干部应当时刻以高标准严格要求自己。然而，有些党员没有远大抱负，对待工作无计划，采取"当一天和尚撞一天钟"、得过且过的心态。有些党员取得一些成就后，便骄傲自满，摆老资格。其三，无视甚至违背党的纪律。党的纪律分为政治、组织、廉洁、群众、工作、生活等方面，党的章程对此作了充分的规定。在政治纪律方面，有些党员的言辞论调与党中央不一致，妨碍党和国家方针政策实施，对党不忠诚、不老实；在组织纪律方面，部分党员拉帮结派、搞"一言堂"、当面不说背后议论；在廉洁纪律方面，有些党员搞贪污腐败。除此之外，也还有其他方面的纪律问题。这些违纪言行的出现，表明部分党员只知享受权利，而逃避义务。其四，不关心群众利益，为人民服务意识不强。有的党员既不从群众中来，也

不到群众中去，群众观念淡薄，对群众的问题"踢皮球"，服务意识不强，对领导、对人民"两张面孔"，门难进、脸难看、事难办，慢作为、不作为、乱作为。这些漠视群众利益的行为，严重破坏了党群关系，破坏了党在群众当中树立起的光辉形象。党内自由主义的一系列表现都蕴含着消极散漫、无视规则的态度，对此"党内要开展积极健康的思想斗争，帮助广大党员、干部分清是非、辨别真假，坚持真理、修正错误，统一意志、增进团结"①，使广大党员自觉同自由主义划清界限，养成正确的规则意识。

四、反对本位主义：不能躲在画地为牢的窠臼中

党内本位主义是一种顾小我舍大局、顾小益损大利，缺乏大局观念、不顾大局需要的错误思想作风。毛泽东将其称为"一种放大了的小团体主义"。党的十八大以来，习近平总书记旗帜鲜明地反对党内本位主义，强调"要摆正自己的位置，无论担任什么职务、拥有多大权力都要执行集体作出的决策，无论作什么决定、办什么事情都必须符合大局需要"②。走出自我的狭小天地，坚持服务党和国家工作大局，就要认清本位主义的主要表现：其一，遇到责任互相推诿，遇到权利互相争夺，扯不完的皮。党内本位主义者在实际工作中，只讲权利不讲责任，将"分权性""独立性"等市场经济规则搬入党内，遇到党内其他同志有困难，视而不见、不予帮助，遇到不同部门人员调动，辗转推托、以邻为壑，从不为别部、别地、别人想一想，完全失掉了共产党人的精神。其二，面对不同利益冲突，以利己主义为原则，算不完的账。受本位主义侵蚀的党员干部，遇到事情心

---

① 习近平. 在党的群众路线教育实践活动总结大会上的讲话 [M]. 北京：人民出版社，2014：21.
② 习近平谈治国理政：第 2 卷 [M]. 北京：外文出版社，2017：189.

里打不完的"小算盘"，片面强调本部门、本地区、本单位的利益，不顾党和国家的整体利益，这不仅不自觉地给党外人士的权位思想作了支柱，而且妨害党对各项工作的集中统一领导，影响党中央政策方针的有效贯彻执行，甚至酿成不可挽回的重大损失。其三，片面夸大个人作用，骄傲自满情绪膨胀，讲不完的功。党内本位主义者以自我为中心，对于党内同志趾高气扬、颐指气使，将"官大一级压死人"的丑陋嘴脸展现得淋漓尽致。在工作中取得成绩，自诩是自己的功劳，与他人无关；在工作中遇到失败，与自己无关，全是他人的问题。听不进别人的意见，永远躺在自己的"功劳簿"上。这些行为严重危害党内团结，是党组织的"害群之马"。党员干部只有自觉同本位主义划清界限，严格执行重大问题请示报告制度，处理好全局和局部关系、中央和地方关系，将党和国家利益放在首位，才能从根本上杜绝其对党内团结统一的销蚀和离心影响。

五、反对好人主义：不能滋生避重就轻的假面孔

党内好人主义是一种消磨共产党人的革命意志、侵蚀党的肌体健康的错误思想作风。党的十八大以来，习近平总书记多次对党内存在的好人主义给予严厉指责，批评好人主义者"不敢批评、不愿批评，不敢负责、不愿负责""搞无原则的一团和气，信奉多栽花、少栽刺的庸俗哲学""身居其位不谋其政，遇到矛盾绕道走，遇到群众诉求躲着行""为人圆滑世故，处事精明透顶，工作拈轻怕重，岗位挑肥拣瘦，遇事明哲保身，有功劳抢得快，出了问题上推下卸"①。习近平总书记极为形象地称之为"圆滑官"

---

① 习近平谈治国理政：第1卷［M］．北京：外文出版社，2018：415，416．

"推拉门""墙头草"。扫清党内好人主义的不良影响，必须认清好人主义的主要表现：其一，看到其他党员犯错误或有错误倾向时，不提醒、不指正、不制止。在新征程中，影响党的先进性和纯洁性的因素不断增多，党员自身的层次性和差异性比较突出。党内有部分同志看到其他党员出现错误时，不及时提醒和纠正，采取"各扫门前雪"的态度，让其在危险边缘越滑越远，坐等看"好戏""大戏"。党员不仅要自己练就"金刚不坏之身"，还要帮助思想和行为受到政治灰尘侵袭的其他党员纠正错误，共同进步。其二，在开展批评和自我批评时，谨小慎微、避重就轻、隔靴搔痒，甚至评功摆好，把批评搞成变相吹捧。党内有部分同志在开展批评和自我批评时，对问题总想掩饰，或者不能触及问题根本。对此，习近平形象地指出，"我们的思想和行为也会沾上灰尘，也会受到政治微生物的侵袭，因此也需要'洗澡'，既去灰去泥、放松身心，又舒张毛孔、促进新陈代谢，做到干干净净做事、清清白白做人"①。其三，在处理和解决具体问题时，态度暧昧、立场不稳、原则不清，甚至颠倒黑白，向错误和邪恶妥协、投降。例如，有的党员干部出于保全个人声誉和选票的考虑，以"减轻党员负担"为由，拒绝开展丰富多样的党支部活动；还有的党员干部舍不得"情分"，拉不下"面子"，对"亲朋好友"态度暧昧，包庇纵容，等等。总之，沾染上好人主义的党员，"私"字作祟，"怕"字当头，无时无刻不爱惜自己的"羽毛"。只有彻底扫清好人主义的政治灰尘，用好批评和自我批评的武器，共同营造敢讲真话的政治生态，才能永葆党的肌体健康，增强党组织的战斗力。

---

① 习近平谈治国理政：第 1 卷［M］. 北京：外文出版社，2018：376.

中国共产党是我国意识形态的领导者、管理者，同时也是意识形态话语权的掌控者。谈论意识形态安全问题，必然涉及党的建设问题，可以说，国家的意识形态安全同党的先进性和纯洁性建设密不可分。但是，在党的长期执政过程中，个人主义、分散主义、自由主义、本位主义、好人主义等错误思想时有出现。一方面，一个政权的瓦解往往从思想领域开始，思想防线被攻破了，其他防线就很难守住，任由这些错误思想在党内蔓延，就有可能从党内攻破意识形态的防线，可谓十分危险；另一方面，如果任由这些错误思想腐蚀党员干部，那么，党在人民群众当中的形象将受到极大破坏，这必然削弱人民群众对于主流意识形态的认同，从而招致意识形态风险。历史反复提醒我们，要想跳出"历史周期率"，要确保党长期执政，就必须保持党的先进性和纯洁性；要保持党的先进性和纯洁性，就必须勇于自我革命，特别是要勇于克服党内错误思想。唯有如此，才能守住思想的防线，才能从党的建设的维度确保主流意识形态的安全。

◀◀◀ 第四节 ▶▶▶

心怀国之大者，夯实百年大党的意识形态底色

"要自觉讲政治，对国之大者要心中有数，关注党中央在关心什么、强调什么，深刻领会什么是党和国家最重要的利益、什么是最需要坚定

维护的立场"①。意识形态安全是关系中国共产党长期执政、关乎国家安全的重大问题。迈向全面建设社会主义现代化国家新征程，要心怀国之大者，夯实百年大党的意识形态底色，筑牢意识形态安全的坚固屏障。

一、筑牢思想防线，牢牢掌握意识形态工作主动权

意识形态工作关乎旗帜道路，关乎党和国家的前途命运。新征程中，只有把意识形态工作的领导权、主动权牢牢掌握在手中，才能维护我国意识形态安全。其一，牢牢占领意识形态阵地。意识形态阵地我们不去占领，敌对势力就会去占领。要时刻坚持主动，丢掉幻想，准备斗争。习近平指出，思想舆论领域存在"三个地带"，即：由主流媒体和网上正能量构成的红色地带；由网上和社会上一些负面言论，以及各种敌对势力制造的舆论构成的黑色地带；由一些模糊的认识、暧昧的思想态度、摇摆的观念构成的灰色地带。红色地带是主阵地，必须牢牢守住并不断巩固和拓展。黑色地带是错误思想的滋生地，要敢于斗争，坚决遏制，不断改造。灰色地带处于红色地带和黑色地带之间，要积极开展工作，加快其向红色地带的转变，防止其蜕变为黑色地带。只有正确区分"三个地带"，增强阵地意识，确保各类意识形态阵地可管可控，才能使社会主义意识形态向上向好。其二，要牢牢掌握意识形态工作领导权、管理权和话语权。习近平指出，"我们必须把意识形态工作的领导权、管理权、话语权牢牢掌握

---

① 习近平在陕西考察时强调 扎实做好"六稳"工作落实"六保"任务 奋力谱写陕西新时代追赶超越新篇章［N］. 人民日报，2020－04－24.

在手中，任何时候都不能旁落，否则就要犯无可挽回的历史性错误"①。坚持党管意识形态原则，实现党的领导在意识形态领域的全覆盖，深入研究意识形态工作面临的形势和问题，总结我们党领导意识形态工作的成功经验，提高意识形态工作领导能力的科学化水平。贯彻"谁主管谁负责、谁主办谁负责"和属地管理原则，完善相关管理制度，实现依法管理、科学管理、有效管理。大力加强话语体系建设，彻底扭转"有理说不出""说了传不开"的局面，讲好中国故事，传播好中国声音，阐释好中国特色。以持之以恒的"抓"、科学有效的"管"、铿锵有力的"声"，来维护我国意识形态安全。其三，坚持底线思维，打好主动仗。维护我国意识形态安全，就要"树立底线思维，把困难估计得更充分一些，把风险思考得更深入一些，注重堵漏洞、强弱项，下好先手棋、打好主动仗"②。这就需要提高对意识形态风险的预警预防能力。理性辨析意识形态领域的突出问题，打通信息搜集的多方渠道，根据紧急程度、性质门类、影响大小、国际国内等进行分类，提前准备好相应的应对措施，能够做到凡事从坏处准备，努力争取最好结果，做到有备无患、遇事不慌，牢牢把握主动权。

二、掌握看家本领，以新时代党的创新理论武装全党

统治阶级的思想在每一个时代都是占统治地位的思想。只有巩固马克思主义在意识形态领域的指导地位，巩固全党全国人民团结奋斗的共同思想基础，我国意识形态安全才能得到有力保障。习近平总书记反复强调，

---

① 习近平关于社会主义文化建设论述摘编［M］. 北京：中央文献出版社，2017：21.

② 习近平. 关于《中共中央关于制定国民经济和社会发展第十四个五年规划和二〇三五年远景目标的建议》的说明［N］. 人民日报，2020-11-04.

马克思主义是被历史和实践证明了的科学真理，尽管我们所处的时代与马克思所处的时代相距甚远，但整个世界仍然处于马克思主义所指明的历史时代，"背离或放弃马克思主义，我们党就会失去灵魂、迷失方向"①。只有掌握马克思主义这一看家本领，以党的创新理论成果武装全党，才能打好维护意识形态安全的有准备之战、战略主动之战。为此，一方面，要牢牢掌握马克思主义哲学的看家本领，切实提高理论思维能力。习近平指出："面对着十分复杂的国内外环境，肩负着繁重的执政使命，如果缺乏理论思维的有力支撑，是难以战胜各种风险和困难的，也是难以不断前进的"②。只有不断提高辩证思维能力，增强驾驭复杂局面、处理复杂问题的本领，运用联系、发展和矛盾的观点分析问题、解决问题，才能透过纷繁复杂的现象把握事物的本质和发展趋势，才能在运筹帷幄中化险为夷，有效维护我国意识形态安全。新征程中，要以较强的理论思维能力，既处理好来自西方资产阶级国家的意识形态渗透问题，也及时纠正国内全面深化改革过程中产生的错误思想观念；既要注意到意识形态斗争的新态势、新变化，也要警惕意识形态安全问题和其他领域安全问题的交织叠加。总之，只有掌握好马克思主义的看家本领，才能从容不迫地、科学有效地应对意识形态领域的风险挑战。另一方面，要在学懂、弄通、做实习近平新时代中国特色社会主义思想上下功夫。《中共中央关于进一步全面深化改革 推进中国式现代化的决定》指出："加强党的创新理论武装，建立健全以学铸魂、以学增智、以学正风、以学促干长效机制。"③ 只有坚持不懈推

---

① 习近平谈治国理政：第2卷［M］. 北京：外文出版社，2017：33.
② 习近平关于全面建成小康社会论述摘编［M］. 北京：中央文献出版社，2016：192.
③ 中国共产党第二十届中央委员会第三次全体会议文件汇编［M］. 北京：人民出版社，2024：70.

进党的创新理论武装，持之以恒加强党性教育，坚持用习近平新时代中国特色社会主义思想统一思想、统一意志、统一行动，才能确保党始终成为中国特色社会主义事业的坚强领导核心。新时代中国共产党人要深入把握习近平新时代中国特色社会主义思想的世界观和方法论，坚持好、运用好贯穿其中的立场观点方法，在意识形态领域把握正确的政治方向，才能战胜意识形态领域的重大风险，以强大的思想武器捍卫我国意识形态安全。

三、保持政治本色，发扬刀刃向内的自我革命精神

办好中国的事情，关键在党。新征程中，中国共产党只有勇于自我革命，才能确保党永葆旺盛生命力和强大战斗力，才能带领人民成功应对重大挑战、抵御重大风险、克服重大阻力、解决重大矛盾，不断从胜利走向新的胜利。党找到了自我革命这一跳出治乱兴衰历史周期率的第二个答案，确保党永远不变质、不变色、不变味。党的自我革命是党长期执政的关键所在，也是赢得人民信任，进而增强人民对社会主义意识形态认同的关键所在。面对新征程中的意识形态风险挑战，只有勇于发扬刀刃向内的自我革命精神，把党建设得更加坚强有力，才能处理好维护好我国意识形态安全这件大事。一方面，以永远在路上的执着将反腐败斗争进行到底。"党的百年历史，也是我们党不断保持党的先进性和纯洁性，不断防范被瓦解、被腐化的危险的历史。"① 新时代以来，我们坚定不移推进全面从严治党，构建起全面从严治党体系，开辟了百年大党自我革命新境界。但是，全党仍要永葆"赶考"的清醒和坚定，全面从严治党永远在路上，党的自

---

① 习近平．在党史学习教育动员大会上的讲话［M］．北京：人民出版社，2021：18.

我革命永远在路上。《中共中央关于进一步全面深化改革 推进中国式现代化的决定》强调："深入推进党风廉政建设和反腐败斗争。"① 新征程中，只有紧扣民心这个最大的政治，坚持人民群众反对什么、痛恨什么，我们就要坚决防范和纠正什么，坚持反腐败斗争无禁区、全覆盖、零容忍，坚持重遏制、强高压、长震慑，增强拒腐防变和抵御风险能力，时刻保持共产党人的政治本色，才能将全国各族人民团结起来，形成维护我国意识形态安全的坚不可摧的磅礴力量。另一方面，不断提高执政能力和水平。讲政治，是我们党补钙壮骨、强身健体的根本保证，是我们党培养自我革命勇气、增强自我净化能力、提高排毒杀菌政治免疫力的根本途径。新征程中，在维护我国意识形态安全上，要站稳立场，在"乱花渐欲迷人眼"的诱惑干扰面前，保持"乱云飞渡仍从容"的政治定力，决不能发表同党中央不一致的声音，决不能任错误思潮言论肆意传播。只有提高政治判断力、政治领悟力、政治执行力，才能够在纷繁复杂的意识形态斗争局面中把握方向、看清趋势，练就一双政治慧眼，使党始终成为维护我国意识形态安全的坚强领导核心。

四、永葆生机活力，开新局须修好党史这门必修课

党的历史是最生动、最有说服力的教科书。学习党的历史，是坚持和发展中国特色社会主义、把党和国家各项事业继续推向前进的必修课。这门功课不仅必修，而且必须修好。新征程上维护我国意识形态安全，开创社会主义意识形态向上向好新局面，同样需要总结历史经验，修好党史这

① 中国共产党第二十届中央委员会第三次全体会议文件汇编［M］. 北京：人民出版社，2024：71.

门必修课。习近平强调："要更好应对前进道路上各种可以预见和难以预见的风险挑战，我们必须从历史中获得启迪，从历史经验中提炼出克敌制胜的法宝。"① 一方面，通过学习党史，总结党的意识形态工作的历史经验，提高应对风险挑战的能力水平。中国共产党历来重视维护我国意识形态安全。毛泽东将意识形态工作上升到关系国家生死存亡的高度，指出："凡是要推翻一个政权，总要先造成舆论，总要先做意识形态方面的工作。革命的阶级是这样，反革命的阶级也是这样。"② 邓小平总结道，"十年最大的失误是教育，这里我主要是讲思想政治教育"③，从思想政治教育的角度突出维护意识形态安全的重要性。江泽民和胡锦涛都高度重视意识形态安全问题，认为其直接关系社会主义事业的成败。党的十八大以来，以习近平同志为核心的党中央将意识形态工作视为"极端重要的工作"，将防范化解意识形态风险作为防范化解重大风险挑战的重中之重，从根本上扭转了意识形态领域一度出现的被动局面，使我国意识形态领域形势发生了全局性、根本性转变，巩固和发展了主流意识形态。正是由于党历来对意识形态安全的高度重视，才抵御了帝国主义国家对中国意识形态的渗透，扼制了其"和平演变"的险恶企图，保证各项事业沿着正确的方向前进。另一方面，通过学习党史，牢记党的使命初心，坚定党员理想信念，巩固意识形态安全的思想基础。在党长期执政的过程中，出现了部分党员思想松懈，甚至贪污腐败、理想信念缺失的问题。理想信念是精神上的"钙"。党员干部一旦丧失理想信念，党的思想防线就要受到冲击，意识形态安全

① 习近平. 在党史学习教育动员大会上的讲话 [M]. 北京：人民出版社，2021：17.
② 建国以来毛泽东文稿：第10册 [M]. 北京：中央文献出版社，1996：194.
③ 邓小平文选：第3卷 [M]. 北京：中央文献出版社，1993：306.

就将受到威胁。历史是最好的教科书，党史是最好的营养剂。对党史、新
中国史、改革开放史、社会主义发展史的学习，将使得党员干部受到党的
初心使命、性质宗旨、理想信念的生动教育，特别是让党员干部牢记党全
心全意为人民服务的宗旨，激励党员干部在新征程中一切为了人民、一切
依靠人民，始终把人民放在心中最高位置、把人民对美好生活的向往作为
奋斗目标。

第三章

现代化经济体系建设中的意识形态
安全问题

党的二十届三中全会决定，进一步全面深化改革要"聚焦构建高水平社会主义市场经济体制，充分发挥市场在资源配置中的决定性作用，更好发挥政府作用，坚持和完善社会主义基本经济制度，推进高水平科技自立自强，推进高水平对外开放，建成现代化经济体系，加快构建新发展格局，推动高质量发展"①。发展是党执政兴国的第一要务，高质量发展是全面建设社会主义现代化国家的首要任务，而建设现代化经济体系则是推动高质量发展的保障系统，也是高质量发展的显著成果，更是解决中国宏观经济失衡、推进中国经济现代化转型的关键一招。新时代以来，党中央作出中国经济发展进入新常态的重大判断，明确中国经济已由高速增长阶段转向高质量发展阶段，新常态宏观上表现为三期叠加局面，包括增长速度换挡期、结构调整阵痛期和前期刺激政策消化期，微观上存在三大结构性矛盾，包括实体经济内部供需之间的结构性失衡、实体经济与金融货币之间的结构性失衡以及房地产部门与其他经济部门之间的结构性失衡。整体来看，宏观经济失衡、新老矛盾交织是新时代初期我国经济的总问题，经过非凡十年的深化改革，在党的领导下我国经济实现历史性跃升。然而，在开启全面建设社会主义现代化国家新征程、迈向第二个百年奋斗目标之际，我国经济依然存在"发展不平衡不充分问题依然突出，推进高质量发展还有许多卡点瓶颈"等问题。这些问题如果不能很好解决，涉及的不仅是经济问题，由此引发的意识形态安全问题也将造成社会动荡，直接危害人民的美好生活。对此，既不容许敌对势力以意识形态为武器对我国现代

---

① 中共中央关于进一步全面深化改革 推进中国式现代化的决定 [M]. 北京：人民出版社，2024：4.

化经济体系建设进行有意破坏，也不能为各种错误论调在中国滋生提供物质"温床"。本章重点探讨我国现代化经济体系建设中容易出现的意识形态安全问题，并提出相应对策。

◀◀◀ 第一节 ▶▶▶

中国经济进入提质增效期仍需注意的价值观问题

中国经济进入提质增效期，既是建设现代化经济体系的国内经济大背景，也是开启全面建设社会主义现代化国家新征程中呈现的新情况。提质增效期必然产生经济发展速度的"换挡"和经济结构调整的"阵痛"现象。中国经济不仅需要跨过自身经济发展面临的一道道"沟沟坎坎"，还需要重视因"换挡"与"阵痛"而产生的价值观问题。这就包括在中国经济增速放缓情况下不断返潮的新自由主义思潮，还有在中国重视扩大内需和促进消费时暗中作祟的消费主义思潮。

一、警惕新自由主义思潮不断返潮

自 20 世纪 80 年代以来，新自由主义思潮就借中国开始建设社会主义市场经济、借鉴西方经济学的某些研究方法和理论的机会涌入中国，并在中国泛滥演变至今。新自由主义思潮的理论核心是新自由主义经济学，也称为新古典经济学，其理论主张是自由放任的市场经济①。尽管新自由主义思潮在中国不断受到批判，但其不断变换理论形式，严重混淆民众视听，造成一定的思想混乱。当前，新自由主义思潮并没有完全覆灭，仍有不少人笃信新自由主义思潮，而新自由主义思潮的余毒也仍然影响着人们。此外，实施新自由主义符合西方国家自身利益，应对危机时采取低税收、社会福利等措施只是其维护资本霸权地位的缓兵之计，向海外不断输出其新自由主义主张是其必然之举。因此，新征程中依然需要时刻防范和警惕新自由主义思潮的返潮，其中应重点关切以下两点：

第一，抽象解释"现代化"就是资本主义化，妄图模糊现代化经济体系建设的社会主义方向。建设现代化经济体系必须明确"现代化"的概念，而如何理解"现代化"也是新自由主义思潮与马克思主义政治经济学的争论焦点。新自由主义者普遍认为，"现代化"就是西方化、私有化、资本化。例如，有学者认为"现代化"被广泛地运用于表述那些在技术、政治、经济和社会发展诸方面处于最先进水平的国家所共有的特征②。新自由主义者之所以产生对"现代化"的此类误解，正源于他们对"现代化"的抽象认知。现代与古典、古代、传统等概念相对，但绝不能据此认为封建的就是古典的、古代的、传统的，资本主义社会就是现代的。包括马克思在内的学者们所指出的"现代社会""现代生产方式"的确是在指资本主义社会、资本主义生产方式，但这是相对于封建社会和封建的生产

---

① 林泰.问道：改革开放以来的社会思潮与青年思想政治教育研究 [M].北京：中国社会科学出版社，2013：206.

② 布莱克.现代化的动力：一个比较史的研究 [M].景跃进，张静，译.杭州：浙江人民出版社，1989：5-6.

方式而言的。因此，对"现代化"的认识应随具体社会形态的变化而变化：资本主义相对于封建主义是"现代化"，社会主义、共产主义相对于资本主义同样是"现代化"，这正是唯物史观基础上的马克思主义政治经济学所揭示的科学道理。新自由主义思潮之所以将"现代化"概念抽象化，既源于其唯心史观的错误哲学基础，也离不开其刻意模糊和否定两种"现代化"道路的意图。习近平深刻指出："我们坚持和发展中国特色社会主义，推动物质文明、政治文明、精神文明、社会文明、生态文明协调发展，创造了中国式现代化新道路，创造了人类文明新形态。"① 中国式现代化是基于自己国情的现代化，具有独特的内在规定性。中国式现代化的重大意义就在于摆脱了现代化的西化、私有化的话语垄断，彻底揭露了新自由主义思潮试图模糊和否定现代化经济体系的社会主义方向的意图，向世界展示社会主义现代化道路的独特魅力与显著优势。

第二，忽视生产力在经济体系建设中的根本地位，抽象地将资本主义私有制作为经济发展前提。现代化经济体系是生产力与生产关系的有机统一，不能忽视二者中任何一方的作用②。2018 年 1 月 30 日，习近平在中央政治局就建设现代化经济体系进行第三次集体学习时强调："现代化经济体系，是由社会经济活动各个环节、各个层面、各个领域的相互关系和内在联系构成的一个有机整体。"③ 具体包括产业体系、市场体系、收入分配体系、城乡区域发展体系、绿色发展体系、全面开放体系和社会主义市场经济体制七个方面。党的二十届三中全会也强调"健全因地制宜发

---

① 习近平. 在庆祝中国共产党成立 100 周年大会上的讲话 [N]. 人民日报，2021 - 07 - 02.

② 蔡万焕. 建设现代化经济体系的唯物史观分析：内涵、定位与路径 [J]. 当代世界与社会主义，2020 (6).

③ 习近平谈治国理政：第 3 卷 [M]. 北京：外文出版社，2020：240 - 241.

展新质生产力体制机制"是推动经济高质量发展的关键，同时"健全相关规则和政策，加快形成同新质生产力更相适应的生产关系，促进各类先进生产要素向发展新质生产力集聚，大幅提升全要素生产率"①。总体而言，这些举措都是围绕生产力与生产关系二者展开的。然而，新自由主义思潮否认这一点。新自由主义者否认经济发展的动力源自生产力与生产关系的基本矛盾，否认作为第一动力的生产力的基础性作用，他们更相信"经济人假说"下人性的自私自利驱动一切市场行为和私有制的产生，而万能的市场与私有制相互作用促进经济发展。可以说，新自由主义思潮的唯心主义分析方法易于蛊惑人心，但其观点是完全错误的。建立在抽象人性论基础上的经济学理论并非科学；而完全忽视生产力，凭空谈论生产资料所有制问题同样是"空中楼阁"。新自由主义思潮此种荒谬观点，一定程度上造成我国民众对国家宏观经济发展的错误判断，认为仅仅调控生产关系、保护好私人利益和知识产权等就可以激发人们的生产效能，认为创新动力源于私有产权，此种错误认识只会将现代化经济体系建设引入资本主义的"卡夫丁峡谷"。

二、警惕消费主义思潮暗中作祟

受新冠疫情肆虐和全球经济复苏疲软等诸多因素影响，新征程中，中国宏观经济短期内依然面临着需求疲软造成经济下行和成本推动的潜在通货膨胀的双重风险。这也使中国宏观政策调整处于两难境地，对中国宏观经济调控能力提出严峻考验。党的十九届五中全会公报指出："坚持扩大

① 中共中央关于进一步全面深化改革 推进中国式现代化的决定［M］. 北京：人民出版社，2024：11.

内需这个战略基点，加快培育完整内需体系，把实施扩大内需战略同深化供给侧结构性改革有机结合起来，以创新驱动、高质量供给引领和创造新需求。要畅通国内大循环，促进国内国际双循环，全面促进消费，拓展投资空间。"① 党的二十大报告进一步指出："着力扩大内需，增强消费对经济发展的基础性作用和投资对优化供给结构的关键作用"②。党的二十届三中全会再次强调："加快培育完整内需体系，……完善扩大消费长效机制，减少限制性措施，合理增加公共消费，积极推进首发经济。"③ 出口、投资、消费是经济发展的三驾马车，以深化供给侧结构性改革为主线，促进消费和扩大内需，必然是解决当前和今后一段时期内需求疲软问题的重要举措。然而，需要注意的是，过度消费不是扩大内需的正道，而资本主导下以物品标榜个人价值并鼓吹过度消费的消费主义思潮也在借扩大内需之机乘势而起。消费主义思潮在当前中国社会兴起必然会造成通货膨胀由潜在变成现实，这会造成严重的社会政治动荡，因此务必对暗中作祟的消费主义思潮加以警惕和抑制。

必须探清消费主义思潮在中国的影响与其政治意图。改革开放以来，国民收入不断增加，消费水平提升，同时受到市场经济中对消费、物质的鼓吹影响，社会上逐渐形成一种崇尚个人主义、享乐主义、物质主义和拜金主义的消费主义思潮。消费主义表现为：不以满足自己生活真实需求为目的而进行消费，而为了满足自己的虚假需要进行消费，最终使人们成为

---

① 中共十九届五中全会在京举行 中央政治局主持会议 中央委员会总书记习近平作重要讲话 [N]. 人民日报，2020 - 10 - 30.

② 习近平. 高举中国特色社会主义伟大旗帜 为全面建设社会主义现代化国家而团结奋斗：在中国共产党第二十次全国代表大会上的报告 [M]. 北京：人民出版社，2022：29.

③ 中共中央关于进一步全面深化改革 推进中国式现代化的决定 [M]. 北京：人民出版社，2024：9.

物质与金钱的奴隶，造成消费异化。为了满足这种消费异化的需要而进行的生产，也是一种异化生产，这就导致人们在"被剥削"中自得其乐，甚至害怕被剥夺"被剥削"的机会。此外，还出现了通过不正当手段和方法获取金钱以满足虚假物欲、过度消费造成的资源浪费与环境污染等问题，这在一定程度上造成了不容小觑的社会价值观扭曲等问题。尽管消费主义思潮貌似仅涉及消费伦理问题，看似与政治、意识形态无关，但实际上其具有明确的政治意图和意识形态取向。马尔库塞曾对消费主义意识形态进行形象的分析："如果一个工人与他的老板欣赏同一个电视节目，游览同一胜地；如果一个打字员打扮得和她雇主的女儿一样漂亮；如果黑人拥有一辆凯迪拉克牌汽车，如果他们都阅读同一种报纸，那么这种同化并不标志着阶级的消失，而是标志着现存制度下的全部人口在很大程度上，分享着用以维持这种制度的需要和满足。"① 消费主义看似使每个人都能平等地进行消费，只是买得起和买不起的区别，一旦工人消费得起资本家使用的东西，就会使工人产生自己已经成为社会物质产品的享受者的幻觉，逐渐蜕掉反抗压迫和剥削的锋芒，倒戈成为顺从甚至维护剥削制度的好公民。因此，消费主义思潮绝不是一种单纯的经济思潮，其本质上是维护资本主义统治的意识形态，对新征程上人民群众的消费观、价值观等都存在危害性，亟须加以警惕。

基于此，有必要厘清扩大内需战略与消费主义思潮的本质区别。探究和厘清扩大内需战略与消费主义思潮的本质区别，有利于促进政策落实和经济发展，也有助于遏制消费主义思潮对我国民众的思想侵害。不少学者对我国经济从生产主导型向消费主导型转变持怀疑态度，认为消费主导型

---

① 马尔库塞. 单向度的人 [M]. 刘继，译. 上海：上海译文出版社，2008：8.

发展模式就是消费主义的前奏，将导致类似于美国金融危机爆发、生态环境破坏、民众物质崇拜等问题。事实上，这种认为扩大内需和促进消费就是提倡消费主义、抑制消费需求和缩小内需就是抑制消费主义的观点，只看到了消费主义与扩大内需和促进消费的表面关联，而没有深入理解二者的本质区别。首先，需要科学理解扩大内需战略。2020 年 4 月 10 日，习近平总书记在中央财经委员会第七次会议上发表的讲话中，把坚定实施扩大内需战略作为首要内容提出。他指出："构建完整的内需体系，关系我国长远发展和长治久安"，"大国经济的优势就是内部可循环"，"消费是我国经济增长的重要引擎，中等收入群体是消费的重要基础"[①]。内需是我国经济发展的基本动力，扩大内需是不断满足人民日益增长的美好生活需要的必然要求。因此，扩大内需战略是促进我国经济持续向好发展、经济发展成果由人民共享的必然战略选择。与此相对，消费主义则是一种错误的、异化的消费取向，即把追求物质和消费本身作为消费目的，而不是以满足合理需求和使用价值为消费目的，是一种不健康的生活方式和文化形态。可以说，消费主义思潮的兴起与资本主义生产方式有必然的联系。一方面，资本主义生产方式以私有制为基础、以市场为杠杆，强调交换在生产之前，因为交往需要或消费需要才会引发分工和生产。因此，消费在资本主义生产方式中是"惊险地跨越"和价值实现的终极环节。另一方面，正因为消费在资本主义生产方式中具有崇高地位，资本的逐利属性使其想尽办法为消费提供便利，并诱导一切潜在的消费行为，包括移动支付、借贷服务等，不断为消费创造巨大的空间和便利；与此同时，资本还会讲述

---

① 习近平. 国家中长期经济社会发展战略若干重大问题 [J]. 求是，2020 (21).

各种"美好的故事"来诱导人们心甘情愿掏空腰包，塑造出"你的确需要"的谎言来创造消费。因此，扩大内需战略与消费主义思潮的产生并不是因果关系，前者是符合我国国情的经济发展战略，其所倡导的消费也是合理、高质量的消费，与消费主义的浪费、过度倾向不可同日而语。

◀◀◀ 第二节 ▶▶▶

否定、怀疑和动摇"两个毫不动摇"基本原则的错误论调

一段时间以来，社会上出现了如下两种错误论调：一些人否定公有制经济，恶意攻击和抹黑国有企业，大谈"国有经济垄断论"，挑拨市场主体中的民营企业与国有企业的对立与矛盾；还有一些人大谈"民营经济离场论"，认为民营经济已经完成其在中国的发展使命，其性质和存在早已不符合中国经济的社会主义属性并诱发社会问题，主张民营经济退出历史舞台。事实上，这两种错误论调都与社会主义基本经济制度背道而驰，都是对中国经济发展的错误判断与有意抹黑，其不仅是常识匮乏和对经济问题的误判，背后更深藏着意识形态挑拨，务必加以警惕。对此，习近平明确指出："公有制经济和非公有制经济都是社会主义市场经济的重要组成部分，都是我国经济社会发展的重要基础"①。党的十九届五中全会也明确

---

① 习近平谈治国理政：第 2 卷 [M]．北京：外文出版社，2017：259．

指出："激发各类市场主体活力。毫不动摇巩固和发展公有制经济，毫不动摇鼓励、支持、引导非公有制经济发展。"党的二十大报告进一步明确："优化民营企业发展环境，依法保护民营企业产权和企业家权益，促进民营经济发展壮大。"① 党的二十届三中全会再次强调："坚持和落实'两个毫不动摇'。毫不动摇巩固和发展公有制经济，毫不动摇鼓励、支持、引导非公有制经济发展，保证各种所有制经济依法平等使用生产要素、公平参与市场竞争、同等受到法律保护，促进各种所有制经济优势互补、共同发展。"② 可以说，我国正处在社会主义初级阶段，要把经济搞上去，就必须团结一切可以团结的力量。无论是对于控制国民经济命脉的国有企业，还是对于作为推动社会主义市场经济发展重要力量的非公有制经济，牢牢坚持"两个毫不动摇"都是推动我国经济实现繁荣发展、保持蓬勃生机的关键。任何否定公有制或非公有制的错误观点，任何否定、怀疑和动摇我国基本经济制度的言行，都不符合最广大人民的根本利益，都不符合我国改革发展的要求，必须彻底摒弃。

一、"国有经济垄断论"动摇经济命脉

在我国，国有经济是公有制经济的重要组成部分，控制着国民经济的命脉，对经济发展起主导作用。国有企业作为国有经济的主要载体，是中国特色社会主义的重要物质基础和政治基础，是我们党执政兴国的重要支柱和依靠力量，关系公有制主体地位的巩固，关系我们党的执政地位和执

---

① 习近平. 高举中国特色社会主义伟大旗帜 为全面建设社会主义现代化国家而团结奋斗：在中国共产党第二十次全国代表大会上的报告 [M]. 北京：人民出版社，2022：29.

② 中共中央关于进一步全面深化改革 推进中国式现代化的决定 [M]. 北京：人民出版社，2024：7.

政能力，关系我国社会主义制度。尽管如此，仍有不少人鼓吹"私有化""去国有化"等论调，恶意抹黑国有经济和国有企业，甚至宣扬"国企不破，中国不立"的荒谬观点。事实上，这些错误观点既存在对经济现实的错误主观臆断，也存在刻意的意识形态攻击。对国有经济和国有企业的抹黑、矮化，就是对我国公有制为主体、多种所有制经济共同发展的社会主义基本经济制度的抹黑和矮化，就是对坚持社会主义方向的根本问题的动摇，更是对实现共同富裕的社会主义本质和追求的拆台。这绝不仅仅涉及所有制等经济问题，必须从意识形态安全问题的高度来加以把握和重视。

市场经济存在"只重效益，忽视社会"的弊端，国有经济必须挑起社会领域的重担。我们必须认识到，国有经济在部分产业占据绝对优势的现象，绝对不能称为"垄断"。垄断带有绝对的资本主义甚至帝国主义性质，主要发生在私人资本和资本主义国家资本领域，其必须具备市场垄断和价格控制两个前提条件。垄断现象之所以会受人诟病并被各国政府高度关注，主要原因在于垄断会造成价格控制并形成暴利，扰乱市场运行。按此标准来看，尽管我国国有经济在部分产业中占据主导地位或绝对优势，但相关国有企业并没有形成价格控制和市场垄断，甚至还会与其他企业之间形成竞争。此外，我们还必须认识到，尽管市场经济存在高效率、高创新能力等诸多优势，但其忽视社会、只追求盈利等弊端也绝不容忽视。例如，在双方信息存在较大不对等的行业（如医疗、教育等），如果放任市场竞争的方式，以企业化经营模式进行，那么中国就会有一大批人看不起病、上不起学，这会造成严重的社会政治问题，因此这些领域必须要由国有经济控制，或由政府来进行调控。再如，铁路、航空、电子通信、石油矿产、银行、国防科技等关涉国家安全和战略发展的关键部门，也绝不能任由市场经济进行放逐性竞争，可以适当开放民营经济"入场"，但这些命脉性的部门的主体必须由国有经济把控，只有如此，广大人民群众才能坐得起高铁、用得起电、加得起油，辛辛苦苦挣的血汗钱才能放心地存入银行。当前，在进一步全面深化改革的进程中，党中央强调"推进能源、铁路、电信、水利、公用事业等行业自然垄断环节独立运营和竞争性环节市场化改革，健全监管体制机制"①，为不断开放市场，反击"国有经济垄断论"奠定基础。

除了克服市场经济的弊端之外，必须指出：我国的国有经济在部分产业中占据绝对优势有深刻的历史渊源与理论支撑。新中国成立后，面临国内满目疮痍、百业待兴的国民经济现状和国际上重重包围的严峻局势。出于应对国际敌对势力威胁、迅速恢复国民经济和巩固社会主义国家政权的需要，我国创办了大量国有企业，"一化三改"中也将农业、手工业和资本主义工商业向公有制改制，这些做法在尽快恢复人民的生产生活、使国家和社会尽快步入社会主义建设轨道上发挥了重要作用。改革开放以来，我国进行国有企业改革，其规模遭到一定缩减，但在很多领域，尤其是把控着国民经济命脉的重要领域，国有企业依然占据着重要地位。有些人因此大做文章，散布"国有经济垄断论"。显然，这种观点是错误的。除了市场经济的弊端和历史因素，我们也有必要从理论层面予以彻底回击。马克思、恩格斯在设想未来社会主义社会时就曾指出："无产阶级将利用自己的政治统治，一步一步地夺取资产阶级的全部资产，把一切生产工具集

---

① 中共中央关于进一步全面深化改革 推进中国式现代化的决定［M］. 北京：人民出版社，2024：7.

中在国家即组织成为统治阶级的无产阶级手里"①。在社会主义国家，我们坚持以公有制为主体，从根本上是服务于我国社会经济发展的总体要求，国有企业在部分产业占据绝对优势的本质是全体人民占据绝对优势，这有利于缩小贫富差距和促进共同富裕，也符合全体人民的切实利益。

二、"民营经济离场论"造成民企恐慌

有人鼓吹"国有经济垄断"，就有人唱衰民营经济。2018 年 9 月 12 日，《中国私营经济已完成协助公有经济发展的任务，应逐渐离场》一文流传网上，引起舆论哗然。这篇来自自诩为"资深金融人士"的网文称：私营经济已经初步完成了协助公有经济实现跨越式发展的重大阶段性历史重任，"下一步，私营经济不宜继续盲目扩大，一种全新形态、更加集中、更加团结、更加规模化的公私混合制经济，将可能在社会主义市场经济社会的新发展中，呈现越来越大的比重"，理由是"私营经济"即非公有制经济"是没有纪律的，是没有深谋远虑的，是不足以面对日趋严峻的国际竞争的"。这篇文章抛出的时间点非常敏感：一方面，当时正处于中美贸易摩擦当中，美方对我国极限施压、步步紧逼；另一方面，有些部门和地方对党和国家鼓励、支持、引导民营企业发展的大政方针认识不到位，工作中存在政策偏差，令民营企业非常困惑。在这样的背景下，抛出如此蛊惑人心的奇谈怪论，显得别有用心。

第一，"民营经济离场论"纯属扰乱人心的"标题党"。通读这篇引发舆论哗然的文章，不难发现其逻辑混乱、行文简陋。文章观点的科学性暂搁置不谈，这篇文章放于网上便引起群情激愤、引爆网络舆论，可见当时

---

① 马克思恩格斯选集：第 1 卷［M］. 北京：人民出版社，1995：293.

民营经济发展的确遇到不少问题。数据显示，2018 年上证 50 公司实现净利润 0.9 万亿元，占沪市整体利润的 56％，占 A 股总利润的 46％，而上证 50 公司几乎都是大型国企；与此同时，民营经济还受到美国制裁……如此种种，貌似给这篇文章做了"铺垫"。文章标题简洁明了、态度明确，瞬间引爆网络，也在一定程度上诱发不少民营企业家的担心。这篇文章仅仅是代表，当时还有人借人社部副部长在浙江传化集团关于民企民主管理的讲话而散布断章取义的网文，其中一篇甚至直接将标题取为《党要领导工人共同管理民企、共享民企发展利润》。当时，《经济日报》针对这些"标题党"，一针见血地指出："一则某部门部署推进民营企业民主管理的消息，竟被冠以'党要领导工人共同管理民企、共享民企发展利润'的吓人标题！吃瓜群众猛一看，这还了得！这不是要搞'第二次公私合营'吗？"总之，这些错误论调的实质都是试图否定和动摇我国社会主义基本经济制度，把当今世界和平、开放、融通、变革、创新时代潮流中各类企业谋求发展的美好愿望，与其自定义的所谓"国家意志"对立起来。这无疑是逆历史潮流、反对改革开放的危险想法和错误论调。

第二，深刻辨析当前资本市场中所谓"国进民退"假象。尽管这些错误言论不少属于"标题党"，但有些"吃瓜群众"由于不明事情原委，一旦受到舆论误导，很容易产生片面认识，真的以为中国市场出现了"国进民退"、民营企业在"离场"。事实上，2018 年以来出现的部分民营经济被国有企业接盘、民营经济发展困难等问题客观存在，但对实际情况需加以解释，不能任由居心叵测、别有用心者肆意解读，扰乱视听。截至 2018 年 9 月 27 日，只有 24 家民企将部分股权转让给国企，仅占股权转让企业市值的 18.7％左右，不足 A 股市值的 0.1％。这些数据表明，国有企业与民营企业之间并不存在此消彼长的相互排斥，更没有什么"国进民退"。

此外，民营企业发展的确面临现实困难。这一方面源于政策执行中存在"弹簧门""玻璃门""旋转门"等问题；另一方面则是因为，在中国经济提质增效的转型期，民营企业更多存在生产粗放、生产方式落后等问题，在市场竞争日趋激烈背景下需要花费更大力气予以转型。2018年11月1日，习近平总书记在民营企业座谈会上发表了重要讲话，特别针对当时社会舆论中出现的"民营经济离场论""新公私合营论"等观点予以驳斥，也指出近年来出台的很多支持民营经济发展的政策措施落实不好、效果不彰，提出要大力支持民营企业发展壮大的举措和解决办法，给广大民营企业吃下一颗"定心丸"。党的二十届三中全会针对非公有制经济发展提出了一系列、一揽子利好方案和政策，为非公有制经济发展不断塑造良好环境、提供更多机会。当前，"民营经济离场论"逐渐式微，民营经济在新冠疫情得到有效控制后逐步复苏，但此种别有用心的奇谈怪论难免在新征程中再次登上舆论场。因此，要时刻警惕、吸收借鉴此次批判"民营经济离场论"的成功经验，有效遏制和批判错误观点，引导正确思想舆论，为正确处理政府与市场的关系、确保中国经济在新征程中平稳快速发展保驾护航。

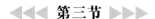

第三节

经济发展不平衡不充分为意识形态问题提供温床

党的十九大报告指出："中国特色社会主义进入新时代，我国社会主要矛盾已经转化为人民日益增长的美好生活需要和不平衡不充分的发展之间的矛盾。"① 经过改革开放 40 余年的发展，我国的经济实力和综合国力实现了重大飞跃，社会生产力水平总体上显著提高，社会生产能力在很多方面进入世界前列，我国成为世界第二大经济体、制造业第一大国、货物贸易第一大国，我国长期所处的短缺经济和供给不足状态已经发生根本性转变，再讲"落后的社会生产"已经不符合实际。然而，多年持续的高速发展也积累了若干结构性问题，当前的发展问题是不平衡不充分，"有没有"的问题已经解决，但"好不好"的问题随之而来。新征程上，发展不平衡不充分问题仍然突出，如果处理不当、发展不好，也将会成为滋生意识形态问题的温床，对此务必高度重视。

一、经济发展不平衡带来的社会心态波动

"不平衡"主要就是经济发展结构上的问题。例如，经济始终保持中高速发展与社会发展、医疗保障等相对滞后的不平衡造成人民生活保障的"短腿"现象，经济发展与资源环境保护的不平衡制约人民享受经济可持续发展和良好的生态环境带来的幸福生活，城乡区域间的不平衡造成城市问题和乡村人才流失等。发展的不平衡问题带来的是结构性矛盾，而结构性矛盾严重阻碍着人们对美好生活的向往和实现，甚至造成严重的社会心态波动。社会心态作为意识形态的重要心理基础，其波动引发的意识形态安全问题不容忽视。

第一，在市场失灵而社会亟须发展的领域出现短板会造成普遍的社会焦虑。经济发展不平衡问题的一个重要表现就是生态环境与经济效益之间

---

① 习近平. 决胜全面建成小康社会 夺取新时代中国特色社会主义伟大胜利：在中国共产党第十九次全国代表大会上的报告 [M]. 北京：人民出版社，2017：11.

的不平衡。生态环境是人们赖以生存和发展的重要物质基础和环境承载。我们在发展中也越发注意到要平衡好环境与发展之间的关系，不能以牺牲环境换发展。与此同时，良好生态环境也已然成为美好生活需要中的一个重要组成部分，人们对生态环境的要求也上升至价值层面。然而，经过多年的 GDP 快速增长和经济粗放式发展，经济总量和发展速度呈现较大飞跃的代价却是生态环境的破坏。2015 年至 2016 年北京出现雾霾天气，给人们的身体健康与交通出行带来危害与不便。尽管党和政府高度关注雾霾问题并采取一系列措施加以治理，但雾霾天气依然成为西方媒体抹黑中国的"有力武器"。比如，英国广播公司（BBC）刊登了一个 11 秒的短片，名为《北京是如何消失在雾霾中的》，该片忽视中国经济发展的客观规律，也忘记了英国自身也曾有过的类似经历，并从意识形态的高度丑化中国雾霾天气。由此可见，经济发展不平衡造成的诸多问题都极有可能成为西方势力对华实施意识形态攻击的抓手，我们应予以高度警惕。

第二，房地产业与实体经济的结构性失衡，使民众普遍遭遇住房压力问题。房地产业本身是建筑业的一部分，属于实体经济，但以加杠杆的方式进行房地产投机买卖，其性质就脱离实体经济了。自 1998 年住房货币化改革以来，我国房地产市场进入上升期。地价和房价轮番上涨，不断刷新价格纪录，房地产已经逐步脱离其原有的居住属性，更多体现出投机属性。一段时间以来，我国实体经济面临一定的下行压力，与我国房地产市场的火热形成鲜明对比。房地产本身既具有满足消费需求的居住功能，同时作为实物也具有保值功能，因此大量资本涌入房地产行业，越来越多的国民财富被固化为钢筋混凝土，这就造成了房地产业与实体经济的结构性失衡问题。这一问题最显著的表现就是房价的不断攀升。西南财经大学中国家庭金融调查与研究中心和蚂蚁集团研究院等的调研报告显示，2022 年第 2 季度，房产依然是影响家庭财富变动的最主要因素，住房资产为财富增加贡献了 60.9%①。尽管政府对房地产市场进行了多轮严厉调控，习近平也明确指出"坚持房子是用来住的、不是用来炒的定位"②，但只能短暂稳住房价。未来的新征程中，对房价的调控必然是宏观经济调控的主要任务。年轻人对房子有刚需却难以支付得起高额房价，为了拥有一套房子，要背上十几年甚至几十年的房贷，这种现象在超一线、一线城市中更是常见。巨大的购房压力，再加上其他生活压力，极易导致广大青年的心态波动，成为严重威胁社会稳定与可持续发展的潜在因素。此外，房地产过热使人们对固定资产投资始终保持较高兴趣，但同时也容易造成抑制消费、抑制技术创新与实业发展的不良后果。高额房价在吸收了消费者大量的购买力的同时，也减少了人们对于其他商品的支出，同时也致使许多企业放弃苦心经营的实业，转战固定资产投资，进而减少技术创新。这种错误导向也时常引发家庭矛盾，特别是在一、二线城市，固定资产在家庭资产中占比非常大，这为遗产分配、房屋拆迁等关系利益分配事务中家庭纠纷与邻里矛盾的产生埋下伏笔。这些矛盾和纠纷如果没有得到及时妥善处理，甚至还可能进一步激发社会群体性事件。由此可见，房地产业与实体经济的结构性失衡不仅引发经济上的失控问题，还对社会心态造成不可忽视的重大影响，这些都将危害我国的意识形态

---

① 西南财经大学中国家庭金融调查与研究中心，蚂蚁集团研究院，蚂蚁理财智库．疫情后时代中国家庭的财富变动趋势：中国家庭财富指数调研报告（2022Q2）[R/OL]．（2022－07－29）[2022－08－04]．https://chfs.swufe.edu.cn/info/1031/1672.htm.

② 习近平．决胜全面建成小康社会 夺取新时代中国特色社会主义伟大胜利：在中国共产党第十九次全国代表大会上的报告 [M]．北京：人民出版社，2017：47.

安全。

二、经济发展不充分造成的社会异化现象

"不充分"则是经济发展中程度上的问题，主要指发展总量不足、潜力释放不够、发展中还有很多短板、发展水平特别是人均水平同世界先进国家还有不小差距。例如，各要素发展效率低导致难以为人民群众提供更高质量的生活供给，全要素生产率较低导致生产模式和生产方式落后、技术创新能力不足等问题。这些发展不充分的问题在现实生活中的鲜明例子，就是我国一些领域的消费需求在国内得不到有效供给，消费者将大把钞票花在出境购物、"海淘"购物上，致使大量"需求外溢"；还表现在生产方式不能更新换代，低效率的工作模式只能造成"内卷""996"等低效竞争。这些现实问题根源于经济发展不充分，影响着每一个劳动者和消费者的现实生活，并极易造成意识形态安全隐患。

第一，经济发展不充分影响人民的日常消费供给和风险挑战期的基本生活保障。习近平深刻指出："供给和需求是市场经济内在关系的两个基本方面，是既对立又统一的辩证关系，二者你离不开我、我离不开你，相互依存、互为条件。没有需求，供给就无从实现，新的需求可以催生新的供给；没有供给，需求就无法满足，新的供给可以创造新的需求。"[1] 因此，强调供给侧结构性改革绝不是仅强调供给而忽视需求，相反，我们推进的供给侧结构性改革是从供给与需求两端同时发力，并重点围绕消费需求的转型升级而展开。改革开放 40 余年，中国已经成为世界制造大国，

---

[1] 习近平谈治国理政：第 2 卷 [M]. 北京：外文出版社，2017：252.

生产能力已经位居世界前茅。但人性化产品、个性化产品、优质精美产品的生产不足，致使我国一些经济产品的信誉和口碑较差，拉低了国内民众对本国产品的消费欲望和购买冲动，制约着我国经济的可持续发展，也制约着人民群众对美好生活的追求。此外，经济发展不充分还间接影响着政府的抗风险能力。2008 年国际金融危机席卷全球以来，中美贸易战、非洲猪瘟、新冠疫情全球蔓延、各类地区或国际组织事件以及国内各类自然灾害事件等接连出现，世界正处于百年未有之大变局之中，无论是世界局势大变革还是各类突发性自然灾害或风险挑战，都对我国政府的抗风险能力提出更高要求。新征程路上，各类风险挑战依然层出不穷，特别是新冠疫情在全球范围内始终无法得到根治，国内疫情在总体得到控制的情况下仍然出现反复态势；经济方面，当前和未来一段时期，我国宏观经济运行处于世界经济结构和秩序裂变期、内部经济结构转换的关键期、深层问题积累释放期以及新一轮大改革的推行期，这些重要的经济发展阶段都会给经济发展带来不小的阵痛，更会直接影响人民群众的现实生活。

第二，发展不充分造成"社会内卷"与"996"问题。发展的不充分造成一定程度上的无效竞争，发展模式不能及时更新换代。旧发展模式要获得更大收益，只能在既有基础上进行绝对的时间增长和成本增加，而无效竞争型的发展最后压力会落到劳动者身上，最明显的表征就是"社会内卷"和"996"问题。一个科学合理健康的社会，分工应该是非常明确的，我们可以致敬那些为工作心甘情愿"996"的劳动者，但不能将此作为一种价值观广泛宣扬，甚至作为一种强制性要求施加到所有劳动者身上。事实上，社会整体的超负荷工作以及无效竞争，会对经济发展造成严重影响。一方面，社会整体的超负荷工作事实上是工作模式老旧、工作能力不足以及工作效率低下的表现。各种无效竞争只是在既有模式中进行非增长型的发力，这将造成资源浪费和精力浪费，根本无益于经济社会的可持续发展，甚至会进一步加剧各种经济要素发展不充分的问题。另一方面，社会整体的超负荷工作将造成诸多社会问题。受困于无效竞争与冗长工作之中的劳动者本身是推动经济发展的消费者群体，居民消费的时间和场景被大幅压缩，总体消费变弱，只会弱化经济发展。此外，"社会内卷"与"996"同样对人们的身心健康造成危害，目前"不婚不育""恐婚恐育""低欲望""丧文化"等社会问题出现，老龄化、经济疲软等问题也将随之而来，更为严峻的是这将造成人们的心理问题，激发社会矛盾、引爆群体性事件，给社会稳定和安全带来威胁，进而危及主流意识形态安全。

◀◀◀ 第四节 ▶▶▶

保持正确方向，坚守市场经济的社会主义航向

习近平深刻指出："我国经济发展获得巨大成功的一个关键因素，就是我们既发挥了市场经济的长处，又发挥了社会主义制度的优越性。我们是在中国共产党领导和社会主义制度的大前提下发展市场经济，什么时候

都不能忘了'社会主义'这个定语。"① 开启全面建设社会主义现代化国家新征程，建设现代化经济体系，离不开对创新能力的挖掘，离不开坚持"两个毫不动摇"的基本原则，更离不开对社会主义现代化道路的遵循与对社会主义发展方向的坚持。意识形态工作是一项极端重要的工作，思想政治工作是一切工作的生命线。只有意识形态安全了，我国的经济建设才能在正确的轨道上健康可持续发展；也只有经济建设得以顺利推进，意识形态安全才能获得稳固的经济基础。二者相辅相成。因此，必须要在坚持社会主义总方向中明确意识形态安全底线、红线，在充分发扬企业家精神中促进民营经济放心大胆发展，在深化供给侧结构性改革中筑牢意识形态安全的经济基础，在发展中国特色社会主义政治经济学中为抵御错误思潮提供理论支撑。

一、在现代化经济体系建设中守好意识形态安全防线

意识形态安全是国家安全的基本构成要素，在整个国家安全体系中具有十分重要的地位，守好意识形态安全是维护国家安全不可或缺的重要方面。新征程路上，建设现代化经济体系不仅是一项经济任务，也是一项政治任务。我们所要建设的现代化经济体系既不是"改旗易帜"的西化、私有化的经济体系，也不是"重走老路"的完全计划性、指令性经济体系，而是在新发展理念指导下的社会主义现代化经济体系，是符合中国国情、体现中国特色、彰显新文明风貌的现代化经济体系。实现这一目标需要处理好经济建设与意识形态建设的关系，需要在经济建设中守好意识形态安

① 习近平关于社会主义经济建设论述摘编 [M]. 北京：中央文献出版社，2017：64.

全这道防线。

一是处理好经济建设与意识形态建设的辩证关系。习近平在全国宣传思想工作会议上强调指出："经济建设是党的中心工作，意识形态工作是党的一项极端重要的工作。"[①] 这段话准确阐明了党的中心工作和意识形态工作的科学定位：没有扎实的发展成果，空谈理想信念，空谈社会主义制度优越性，最终意识形态工作也难以取得好的成效；而不谈意识形态工作，只谈经济建设、物质生产、经济发展，经济建设也难以在正确发展道路上前行，最终将造成不可挽回的错误。因此，要特别处理好经济建设与意识形态建设之间的辩证关系，也就是要处理好经济基础与上层建筑之间的辩证关系。一方面，我们要明确经济建设是兴国之要，经济建设为意识形态建设提供物质保障，因此不能总抓着社会主义的字眼僵化地理解社会主义经济制度。经济问题不解决，意识形态也难解释。另一方面，我们还要意识到意识形态建设保障了经济建设的正确航向，为开展正确、科学、高效的经济建设提供思想保障、精神力量与道德滋养。

二是在经济建设过程中筑牢意识形态安全防线。意识形态安全不仅仅是政治安全领域的问题，敌对势力、错误思潮会在各个领域乘虚而入，经济建设就是西方思潮入侵的重要端口，西方社会往往假借对中国经济提出建议、评价中国经济发展等方式宣传其意识形态，因此要在经济建设领域筑牢意识形态安全防线。首先，要始终加强党对经济工作的领导。党的二十届三中全会决定中指出："党的领导是进一步全面深化改革、推进中国式

---

① 习近平谈治国理政：第 1 卷 ［M］. 北京：外文出版社，2018：153.

现代化的根本保证"①。坚持党对经济工作的绝对领导就是将经济工作的话语权、领导权、决策权牢牢掌握在自己手中，确保现代化经济体系建设不偏航。其次，用党的最新理论成果武装经济界人士。习近平新时代中国特色社会主义思想是中国共产党坚持和发展马克思主义的最新理论成果，要以最新成果武装教育全党全国经济界人士，使其以过硬的理论素质、深邃的理论眼光、科学的理论逻辑应对西方经济学对中国特色社会主义政治经济学的挑战和对中国经济制度的诘难。最后，在经济领域的相关争论和博弈中始终保持斗争精神。经济领域的意识形态较量更加隐蔽、更具欺骗性，但其关乎经济命脉的发展，危害性同样不容小觑。因此，必须时刻绷紧意识形态斗争这根弦，积极防范，有效应对，发扬斗争精神，以战斗的姿态激浊扬清，勇于发声，敢于举旗亮剑，对错误经济思潮进行批判。

二、推动国有经济与民营经济相辅相成、相得益彰

国有经济是国民经济发展的命脉所在，民营经济是国民经济发展的活力所在。"国有经济垄断论"和"民营经济离场论"等荒诞言论造成了企业家、非公有制经济主体的思想混乱和心态变化。为防范更大范围、更深层次的意识形态安全危险，在推动新时代国有经济高质量发展的基础上，也要为民营经济放心大胆发展创造良好的营商环境。为此，应当始终坚持"两个毫不动摇"的方针，继续采取"三去一降一补"的政策，落实好"巩固、增强、提升、畅通"八字方针，激活市场主体活力，使民营企业

---

① 中共中央关于进一步全面深化改革 推进中国式现代化的决定［M］. 北京：人民出版社，2024：43.

放心大胆发展。与此同时，作为参与市场活动的重要主体，企业家们也应响应习近平总书记的号召，充分发扬企业家精神，勇敢肩负起对国家、对社会的责任，以宽广的胸怀投入社会主义市场经济建设的伟大事业中。

一是在推动国有经济高质量发展的基础上，为民营经济创造良好营商环境。习近平强调，必须坚持和完善我国社会主义基本经济制度，毫不动摇地巩固和发展公有制经济，毫不动摇地鼓励、支持、引导非公有制经济发展。"两个毫不动摇"是我国改革开放取得的重要成果，是对坚持和发展基本经济制度成功经验的高度概括。党和国家始终坚持"两个毫不动摇"的方针，坚持公有制为主体、多种所有制经济共同发展的基本经济制度，发挥国有经济的主导作用，发展壮大集体经济，促进非公有制经济健康发展，构建新型政商关系。广大党政干部应该勇于担当、积极作为，既帮助非公企业解决发展中遇到的各种困难和问题，又守住底线，不以权谋私，依法整治"红顶中介"，为各企业营造公平、透明、有序的市场发展环境。此外，还应优化政务服务，减轻企业负担，增强服务意识，创新服务方式，继续加大力度查处涉企违法违规收费、落实对小微企业停征和免征部分行政事业型收费项目的政策等。还要积极推进"互联网＋市场监管"，为民营企业提供相关政策指南、手续完成"一条龙"等更加高效便捷的政府服务，切实减轻企业负担，使民营企业放心大胆发展。党的二十届三中全会也提出多方面举措，包括制定民营经济促进法、推进基础设施竞争性领域向经营主体公平开放、向民营企业进一步开放国家重大科研基础设施、完善民营企业融资支持政策制度等。

二是民营企业家们应充分发扬企业家精神，为国分忧、勇挑重担。习近平在主持召开企业家座谈会时指出："企业家要带领企业战胜当前的困难，走向更辉煌的未来，就要在爱国、创新、诚信、社会责任和国际视野等方面不断提升自己，努力成为新时代构建新发展格局、建设现代化经济体系、推动高质量发展的生力军。"①党的二十届三中全会也强调："完善中国特色现代企业制度，弘扬企业家精神"②。企业是社会的一员，是市场经济中的重要主体力量，企业家们肩负着对国家和社会的责任。当前，受疫情冲击和世界经济衰退影响，我国经济发展面临新困难。在这个紧要关头，企业家们更要勇担社会责任。既要善于在危机中育新机、于变局中开新局，激发员工的创造力，引领企业在转型变革和环境挑战中闯出新路、实现新发展；也要关心员工、体恤员工，担当起社会责任，与员工携手共同渡过难关。新征程路上，民营企业将是激发我国经济发展的重要引擎。身处中华民族伟大复兴的战略全局和世界百年未有之大变局的"两个大局"中，民营企业家们还应以博大的胸怀、睿智的眼光、宏大的格局来看待中国民营企业的发展前景。一方面，立足中国，放眼世界，提高把握国际市场动向和需求特点的能力，提高把握国际规则、开拓国际市场的能力；另一方面，坚持用全面、辩证、长远的眼光看待当前的困难、风险、挑战，预判未来出现的问题与机遇，加快转变企业发展方式，为促进我国产业迈向全球价值链中高端作出更大贡献。

三、在深化供给侧结构性改革中筑牢意识形态安全经济基础

党的二十大报告指出："要坚持以推动高质量发展为主题，把实施扩大

---

① 习近平. 在企业家座谈会上的讲话 [M]. 北京：人民出版社，2020：5-6.
② 中共中央关于进一步全面深化改革 推进中国式现代化的决定 [M]. 北京：人民出版社，2024：8.

内需战略同深化供给侧结构性改革有机结合起来"①。当前，我国经济运行中的主要矛盾是结构性的，矛盾的主要方面在供给侧，总量性和需求侧的问题终归处于次要位置。因此，我们要抓住工作重点，保持战略定力，强化政策协同，坚持以深化供给侧结构性改革为主线不动摇，以正确的、科学的经济学理论指导改革发展，多侧面、多方法深化供给侧结构性改革，推动我国社会生产力水平实现整体跃升，为筑牢意识形态安全打下坚实的经济基础。

第一，以中国特色社会主义政治经济学指导我国供给侧结构性改革。供给侧结构性改革是对马克思主义政治经济学的创新发展，是中国特色社会主义政治经济学的重要理论成果。习近平总书记结合中国具体实际，针对供给侧结构性改革提出了一系列重要论述，回答了供给侧结构性改革为何改、改什么、怎么改等重大问题，明确了改革的根本目的、主攻方向、主要任务、重大原则、实现途径等系统的理论观点，为在实践中推进供给侧结构性改革指明了方向、提供了遵循。因此，要坚持以中国特色社会主义政治经济学为指导的供给侧结构性改革的科学理论。一是要明确供给侧结构性改革理论同西方经济学的供给学派有本质区别，前者既强调供给又关注需求，既突出发展生产力又注重完善生产关系，而"供给学派强调的重点是减税，过分突出税率的作用，并且思想方法比较绝对，只注重供给而忽视需求、只注重市场功能而忽视政府作用"②。因此，无论是方法、内容，还是价值指归，供给学派的那一套都与中国特色社会主义政治经济学

---

① 习近平. 高举中国特色社会主义伟大旗帜 为全面建设社会主义现代化国家而团结奋斗：在中国共产党第二十次全国代表大会上的报告［M］. 北京：人民出版社，2022：28.

② 习近平谈治国理政：第2卷［M］. 北京：外文出版社，2017：252.

指导下的供给侧结构性改革存在本质上的不同。二是要学懂弄通供给侧结构性改革理论，通过教材编写、通俗读物撰写、理论宣讲和普及、"线上＋线下"课程讲授等多种方式对业已形成的供给侧结构性改革理论进行理论宣传与教育工作，特别是要在广大高校的经济学专业中进行深入介绍，并结合新的经济环境不断创新和发展供给侧结构性改革理论，使理论知识成为解决中国现实问题的有力武器。

第二，通过供给侧结构性改革推动中国经济高质量发展，打牢意识形态安全的经济基础。习近平特别指出："必须坚持质量第一、效益优先，以供给侧结构性改革为主线，推动经济发展质量变革、效率变革、动力变革，提高全要素生产率"[①]。提高要素配置效率和全要素生产率是促进经济发展更加充分、更加均衡的重要法宝，是实现经济高质量发展的动力源泉。因此，必须逐步根治发展的不平衡不充分问题，才能为保障意识形态安全筑牢坚实的经济基础。经过艰苦努力，"十三五"时期供给侧结构性改革不断深化，传统产业加快转型升级，结构性去杠杆稳步推进，重点领域补短板力度加大，重大科技创新成果不断涌现，新兴产业和现代服务业加快发展，我国经济实力、科技实力、综合国力跃上新台阶。实践充分证明，以习近平同志为核心的党中央关于深化供给侧结构性改革的决策是完全正确的，是改善供给结构、促进经济高质量发展的治本之策。"十四五"时期，中国经济运动的主要矛盾依然还在供给侧，问题依然呈现为结构性特征，因此必须在既有基础上坚持以深化供给侧结构性改革为主线不动摇，进而为新征程中我国经济高质量发展保驾护航，使人民群众继续享受

---

① 习近平. 决胜全面建成小康社会 夺取新时代中国特色社会主义伟大胜利：在中国共产党第十九次全国代表大会上的报告 ［M］. 北京：人民出版社，2017：30.

到经济改革带来的生活实惠，加强对党的科学指导思想、对党的经济政策的信心，对中国共产党无比信任，从而形成全民自发保护意识形态安全的强大意识和行动力量。

党的二十大对新时代十年我国经济发展的成就作出全面评价："提出并贯彻新发展理念，着力推进高质量发展，推动构建新发展格局，实施供给侧结构性改革，制定一系列具有全局性意义的区域重大战略，我国经济实力实现历史性跃升"[①]。党的二十届三中全会为新征程进一步深化改革、推进中国式现代化提出新的要求："以经济体制改革为牵引，以促进社会公平正义、增进人民福祉为出发点和落脚点，更加注重系统集成，更加注重突出重点，更加注重改革实效，推动生产关系和生产力、上层建筑和经济基础、国家治理和社会发展更好相适应，为中国式现代化提供强大动力和制度保障。"[②] 站在实现全面建成小康社会、实现第一个百年奋斗目标重要历史节点，踏上全面建设社会主义现代化国家新征程、实现第二个百年奋斗目标新的赶考之路，我们应始终坚持习近平同志党中央的核心、全党的核心地位，始终坚持习近平新时代中国特色社会主义思想的指导地位，科学指引中国特色社会主义经济建设，在已经取得的重大经济成就的基础上，继往开来，守好经济建设中的马克思主义意识形态方向，推动中国经济巍巍巨轮乘风破浪、行稳致远。

---

① 习近平. 高举中国特色社会主义伟大旗帜 为全面建设社会主义现代化国家而团结奋斗：在中国共产党第二十次全国代表大会上的报告 [M]. 北京：人民出版社，2022：8.
② 中共中央关于进一步全面深化改革 推进中国式现代化的决定 [M]. 北京：人民出版社，2024：4.

第四章

全面深化改革开放中的意识形态安全问题

党的十八大以来，党中央以巨大的政治勇气全面深化改革，实行更加积极主动的开放战略，党和国家事业取得历史性成就、发生历史性变革，推动我国迈上全面建设社会主义现代化国家新征程。2024 年 7 月 15 日至 18 日，党的二十届三中全会在北京举行。会议高度评价了新时代以来全面深化改革的成功实践和伟大成就，并就进一步深化改革、推进中国式现代化作出科学擘画和战略部署。必须看到，改革开放 40 余年来，我国体制机制不断创新、日渐完备，但与时代发展、社会进步相伴而生的新情况新问题也不断影响和制约着我国经济社会的发展。制度完善的长期性，又决定了党和国家必然要面对改革开放的长期考验。这意味着意识形态安全建设要坚守正确的改革方向，顺应时代潮流、把握时代脉搏，分析研判多元社会思潮，妥善处理重大利益关系，为全面深化改革、扩大高水平对外开放，从而为推进中国式现代化、实现中国梦创造出更加安全稳定的思想舆论环境。

◀◀◀ 第一节 ▶▶▶

能否坚守正确改革方向是意识形态安全建设领域的重要问题

习近平指出："改革开放是一场深刻革命，必须坚持正确方向，沿着正确道路推进"①，"改革开放是决定当代中国前途命运的关键一招，中国特色社会主义道路是指引中国发展繁荣的正确道路"②。与改革开放之初相比，新时代的国内外环境发生了深刻复杂的变化，新矛盾、新问题有所涌现。在全面建成社会主义现代化强国、以中国式现代化全面推进中华民族伟大复兴的新征程中，党和国家能否始终坚持社会主义道路、牢牢掌握意识形态工作领导权、持续贯彻人民性原则，影响着我国意识形态安全建设的方向和水平。

一、能否始终坚持社会主义道路关乎意识形态安全建设循轨畅行

改革开放是有方向、有立场、有原则的。党的十八大以来，习近平总书记十分重视对改革开放道路的把握、任务的厘定和策略的选择，强调"在改革开放上决不能有丝毫动摇，改革开放的旗帜必须继续高高举起，中国特色社会主义道路的正确方向必须牢牢坚持"③，提出要"处理好解放思想和实事求是的关系、整体推进和重点突破的关系、顶层设计和摸着石头过河的关系、胆子要大和步子要稳的关系、改革发展稳定的关系"④，为意识形态安全建设把方向、谋大局、定政策提供了理论指引。举什么旗、走什么路，关乎改革开放能否按照正确方向前进。确保改革开放始终沿着中国特色社会主义道路前进，避免发生方向性、颠覆性错误，是新征程中

---

① 习近平谈治国理政：第 1 卷 [M]. 北京：外文出版社，2018：67.
② 中共中央关于党的百年奋斗重大成就和历史经验的决议 [M]. 北京：人民出版社，2021：23.
③ 习近平关于全面深化改革论述摘编 [M]. 北京：中央文献出版社，2014：9.
④ 同③37.

意识形态安全建设必须完成的重大任务。

道路问题关乎党的命脉，关乎国家前途、民族命运、人民幸福。习近平曾指出，"道路问题是关系党的事业兴衰成败第一位的问题，道路就是党的生命"①，"无论搞革命、搞建设、搞改革，道路问题都是最根本的问题"②。改革开放以来，党团结带领人民解放思想、锐意进取，战胜各方面风险挑战，开辟和发展了中国特色社会主义道路，为实现民族复兴提供了充满活力的体制保证和快速发展的物质条件。中国前所未有的大发展、大繁荣的事实证明，中国特色社会主义是中国共产党带领人民进行的伟大创造，"是当代中国大踏步赶上时代、引领时代发展的康庄大道，必须毫不动摇走下去"③。正如习近平所指出的："改革开放以来，我们总结历史经验，不断艰辛探索，终于找到了实现中华民族伟大复兴的正确道路，取得了举世瞩目的成果。这条道路就是中国特色社会主义。"④

中国特色社会主义，究其根本是社会主义，不论怎么改革、怎么开放，都是中国特色社会主义制度的自我完善和发展，而不是对社会主义制度的否定和对社会主义性质的改变。苏联解体、东欧剧变，根本原因就在于没能把准改革的正确方向、没能选择正确的发展道路。当前，社会上对于改革开放方向的认识和把握总体上清醒正确，但也存在一些模糊认识和偏颇主张，甚至有些人在把握新征程中出现的矛盾问题时不能坚定社会主义立场，在关乎社会主义道路的关键问题上走错路、走歪路。比如，关于

---

① 十八大以来重要文献选编：上［M］. 北京：中央文献出版社，2014：117.
② 习近平关于实现中华民族伟大复兴的中国梦论述摘编［M］. 北京：中央文献出版社，2013：28.
③ 习近平谈治国理政：第3卷［M］. 北京：外文出版社，2020：184.
④ 习近平谈治国理政：第1卷［M］. 北京：外文出版社，2018：35.

国有企业的壮大发展，社会上一些人鼓吹"私有化""去国有化""去主导化"，操弄所谓"国进民退""民进国退"的话题；关于中美贸易摩擦，有些人把错误的源头指向我国发展战略与外交策略，而没有从根本上认识到新兴崛起国家与传统守成大国之间博弈斗争的历史必然性；关于"一带一路"倡议，一些人将其视作美丽空洞的口号，质疑倡议提出的目的是对外输出、转移过剩产能，而没有认识到倡议强调的是共商、共建、共享的原则与政策沟通、贸易畅通、民心相通等内容。这些错误的思想观点冲击着党的执政地位，企图抹黑我国的社会主义制度，给意识形态安全建设带来了一定的威胁。对这种杂音怪调，不能等闲视之，也不能掉以轻心，必须始终保持高度的警惕，勇于向错误思想亮剑。

40 余年的改革开放历程并不是一帆风顺的，多次面临着严峻考验，但由于党和国家始终坚持中国特色社会主义，以是否符合完善和发展中国特色社会主义制度、推进国家治理体系和治理能力现代化的总目标为改革的根本尺度，才使得改革开放保持了正确方向和革命性质，取得了历史性成就。可以说，改革开放取得巨大成功的关键在于"把党的基本路线作为党和国家的生命线，始终坚持把以经济建设为中心同四项基本原则、改革开放这两个基本点统一于中国特色社会主义伟大实践，既不走封闭僵化的老路，也不走改旗易帜的邪路"①。

二、能否牢牢掌握意识形态工作领导权考验着党的执政能力水平

当前，社会思想意识复杂多样，各种思潮竞相发声，其中既有正确的

---

① 习近平关于全面深化改革论述摘编［M］. 北京：中央文献出版社，2014：14.

也有错误的，既有进步的也有落后的，甚至还有敌对势力对我国的蓄意抹黑和恶意攻击。习近平在全国宣传思想工作会议上深刻指出："意识形态工作是党的一项极端重要的工作。"① 意识形态关乎旗帜、关乎道路、关乎国家政治安全。牢牢掌握意识形态工作领导权、管理权、话语权，不断提升自身政治定力、领导力和革新力，是新征程对党提出的重大要求，是巩固马克思主义在意识形态领域的指导地位、巩固全党全国人民团结奋斗共同思想基础的坚强保障。

一是对于党的政治定力的要求。政治定力，是在思想上、政治上排除各种干扰、消除各种困惑、坚持正确立场、保持正确方向的能力。政治定力不会与生俱来，而要在长期的理论学习和社会实践中不断锤炼。中国共产党作为世界上最大的马克思主义执政党，要想始终赢得人民拥护、巩固长期执政地位，就必须时刻保持解决大党独有难题的清醒和坚定。国内改革的深化，推动社会主义市场经济不断发展，也使一些党员干部的思想观念、价值取向和行为方式产生了变化。这种变化大多是积极的，但不可避免也有消极的。同时，在对外开放的进程中，由于西方价值观念、生活方式的涌入及其舆论宣传，一些人盲目崇拜资本主义制度，丧失了民族自信和理想信念。如何在新征程中，"不为任何风险所惧，不为任何干扰所惑，决不在根本性问题上出现颠覆性错误"②，如何处理好主流意识形态与各类社会思潮的关系，为我国意识形态安全建设充当"先锋队"和"护城河"，成为党必须面对的基础性、根本性问题。

---

① 习近平. 胸怀大局把握大势着眼大事 努力把宣传思想工作做得更好 [N]. 人民日报，2013-08-21.

② 中共中央关于党的百年奋斗重大成就和历史经验的决议 [M]. 北京：人民出版社，2021：72.

二是对于党的领导力的考验。随着改革开放的深入推进，人民的需要更加多元，不仅对物质文化生活提出了更高要求，而且对民主、法治、公平、正义、安全、环境等方面的需求日益增长。因此，在全面深化改革开放的过程中进一步消除体制机制弊端，促进我国经济社会发展，使成果惠及广大人民群众，考验着党的政治领导力、思想引领力、群众组织力和社会号召力。总的来说，我国现在面临的意识形态风险既包括国内的经济、政治、意识形态、社会风险以及来自自然界的风险，也包括国际经济、政治、军事风险等。正如习近平总书记在十八届五中全会第二次全体会议上指出的，我国面临的重大风险是多方面的，"很可能是相互交织并形成一个风险综合体"①。当前党领导意识形态安全建设的重要任务，就是在充分认识"风险综合体"复杂性、多变性的基础上，加强对各种风险源的调查研判，提高动态监测、实时预警能力，推进风险防控工作科学化、精细化，从而防范与化解意识形态重大风险。

三是对于党的革新力的挑战。"一百年来，党外靠发展人民民主、接受人民监督，内靠全面从严治党、推进自我革命，勇于坚持真理、修正错误，勇于刀刃向内、刮骨疗毒，保证了党长盛不衰、不断发展壮大。"② 新征程上，我国改革开放必然更加深入，将面临各种社会矛盾迭生、中外社会思潮激荡的复杂难题。能否根据改革开放的新要求不断创新思维方式和工作方式，运用法治思维、辩证思维、历史思维、底线思维和实践思维解决改革开放进程中面临的问题，关系着党内政治生活的纯洁性和先进性，关系着风清气正的政治生态的营造。对此，习近平强调："勇于自我革命，

---

① 习近平谈治国理政：第 2 卷 [M]. 北京：外文出版社，2017：82.
② 习近平谈治国理政：第 4 卷 [M]. 北京：外文出版社，2022：549 - 550.

是我们党最鲜明的品格，也是我们党最大的优势。"① 他要求全党充分认识世情、国情、党情和社情的最新变化，适应"进行具有许多新的历史特点的伟大斗争"② 的特殊性和艰巨性，以永不自满、永不懈怠的品格，不断扬弃自己、超越自己，在长期执政能力建设和展现大国形象的有机结合中，推动意识形态安全建设扎实推进。

三、能否持续贯彻人民性原则关系着安定团结环境的形成与巩固

"江山就是人民，人民就是江山。中国共产党领导人民打江山、守江山，守的是人民的心。"③ 当前，我国改革已进入攻坚期和深水区，以中国式现代化全面推进强国建设、民族复兴伟业的关键时期也已到来。这意味着，改革开放任务必然越来越繁重。越是如此，就"越要保持党同人民群众的血肉联系，善于通过提出和贯彻正确的路线方针政策带领人民前进，善于从人民的实践创造和发展要求中完善政策主张，使改革发展成果更多更公平惠及全体人民"④。而改革开放是"亿万人民自己的事业"，"是人民的要求和党的主张的统一，人民群众是历史的创造者和改革开放事业的实践主体"⑤。在认识和实践上的每一次突破和发展，每一方面经验的创造和积累，无不来自广大人民群众的实践智慧。"人民性的问题，从本质上说，就是一个为了谁、依靠谁的问题。"⑥ 因此，党和国家能否始终坚持发展为

---

① 十八大以来重要文献选编：下 [M]. 北京：中央文献出版社，2018：589.
② 习近平谈治国理政：第 1 卷 [M]. 北京：外文出版社，2018：411.
③ 习近平. 高举中国特色社会主义伟大旗帜 为全面建设社会主义现代化国家而团结奋斗：在中国共产党第二十次全国代表大会上的报告 [M]. 北京：人民出版社，2022：46.
④⑤ 习近平. 论坚持全面深化改革 [M]. 北京：中央文献出版社，2018：9.
⑥ 朱继东. 新时代党的意识形态思想研究 [M]. 北京：人民出版社，2018：161.

了人民、依靠人民，影响着意识形态安全建设的群众基础，关系着我国政治社会环境的和谐稳定。

自特拉西提出意识形态概念以来，意识形态始终与"虚假""抽象"的"观念"和"幻想"相伴随。直到马克思将探究的目光转向人及其生活，"现实中的个人"才被确定为意识形态生成的主体力量和真正来源。马克思认为，"意识在任何时候都只能是被意识到了的存在，而人们的存在就是他们的现实生活过程"①。这就指出人民的生活实践是意识形态的源头和基础。意识形态能否为执政者提供合法性解释，能否凝聚社会共识，能否对异己的力量进行批判和压制，关键就在于意识形态是否为人民群众所掌握。因此，党的路线方针政策有没有深入人心，要看人民群众有没有按照党的路线方针政策指导实践。马克思主义有没有深入人脑，要看人民群众遇到问题时会不会自觉运用马克思主义立场、观点和方法加以分析和解决。意识形态如果只是脱离群众日常生活、缺少人民主体实践的"高谈阔论"，就会被束之高阁。

得益于改革开放的春风，人民对丰富的精神生活表现出更多的渴望。当人民的精神需求没有得到正确引导和有效满足时，封建迷信、庸俗文化和错误社会思潮就会有机可乘。这种负面消极的精神文化一旦演变为社会风气，就会危及国家意识形态安全并形成恶性循环。另外，随着脱贫攻坚目标的如期实现，人民关切的焦点也在发生变化。在收入普遍增长之后，人们更加关注贫富差距和社会公平；在城乡经济获得发展之后，人们更加关注现实生活世界的环境问题和安全问题；在基本生活需要得到满足之后，人们更加渴望获得更高水平的社会保障。这些社会发展中衍生的需

---

① 马克思恩格斯文集：第 1 卷 [M]. 北京：人民出版社，2009：525.

求，如果得不到有效回应，就会持续发酵。一旦别有用心者借助某些社会事件挑起不良社会情绪，就会影响社会的安定与和谐、国家的稳固与安康。

回顾历史可知，尽管苏联曾承诺关注社会成员的切身利益，倡导公平正义，但是客观上这种价值理念在实践中并未得到应有体现，不仅社会成员的基本利益诉求未得到回应，腐败与特权现象也愈演愈烈。现实状况与意识形态宣传图景的背离冲击着意识形态认同，动摇了苏联执政党的人民根基。苏联的教训深刻地启示着我们，能否始终关切人民物质利益、回应人民精神需求、引导人民实践力量，直接影响着人民能否真正认同主流意识形态、能否增亮意识形态安全建设的人民性底色。

◀◀◀ 第二节 ▶▶▶

深化改革进程中的重大利益关系调整加剧了新时代思想矛盾

正如习近平指出的："改革开放越往纵深发展，发展中的问题和发展后的问题、一般矛盾和深层次矛盾、有待完成的任务和新提出的任务越交织叠加、错综复杂。"① 当前，我国全面深化改革已进入攻坚期和深水区，

---

① 习近平关于全面深化改革论述摘编 [M]. 北京：中央文献出版社，2014：4.

各种思想文化相互激荡，各种矛盾相互交织，各种诉求相互碰撞，各种力量竞相发声。进一步全面深化改革必然要涉及一些重大利益关系的调整，必然要涉及牵动全局的敏感问题和重大问题。社会主要矛盾变化、地区发展不均衡、利益主体诉求差异等问题都要求主流意识形态在国家治理中发挥重要引导作用，坚定不移地把人民对美好生活的向往作为国家建设发展目标，更好地暖人心、聚民心、增信心。

一、利益群体诉求差异化影响主流意识形态的凝聚力

全面深化改革涉及政治、经济、文化、社会、生态、党建等各个领域，每一个领域要解决的问题都是不同的，人们的改革诉求也会存在差异。而且，其"触及深层次的社会关系和利益调整，十分复杂。目前，社会上对改革既存在为难情绪，也存在浮躁心态"[①]。承认利益的差异化，尊重个体利益，能够激发人们创造价值的积极性，为主体意识、自由意识和平等意识的形成提供基础条件，但也会引发人们思想上的一些新困惑、新问题。比如，改革成败的标准究竟是什么？如何看待改革的成本与阵痛？改革之利如何公平分配？这些问题都影响着主流意识形态的吸引力和凝聚力。

一方面，诉求差异化意味着人们的社会经济主张、政治文化需求更加多元化，这加剧了凝聚社会共识的难度。改革开放初期，改革具有明显的普惠性质，利益分化尚不明显，人们的主要愿望是满足基本生存需要，国家百废待兴、人民良好预期促成了人们高昂的改革热情和相对统一的改革

---

① 习近平关于全面深化改革论述摘编［M］. 北京：中央文献出版社，2014：145.

诉求，共识容易达成。在进一步全面深化改革的进程中，社会主义市场经济的建立和分配方式越发多样化，利益群体的诉求差异化更为突出。就工人、农民等劳动群体而言，他们对于经济改革和自身经济状况的关心要远远超过对政治体制改革的关心，他们渴望提高收入水平、提升消费能力，也期望得到更好的福利保障；就私营经济系统的群体而言，他们需要更多的政府政策扶持，但也有些人想获得高额灰色收入，而希望改革不要继续深入。不可避免的利益矛盾引发人们的不安全感和不信任感。与此同时，许多新的社会阶层不断涌现，如知识精英、政治精英、行政性利益群体等，知识分子经商、干部到基层锻炼、城市居民到农村承包经营土地的现象日益增多。社会阶层的变化、社会资源的流动和社会利益结构的多元化，都从不同程度上挑战着主流意识形态的凝聚力。

另一方面，社会群体表达差异化诉求的规范化渠道相对不够畅通。随着思想观念的开放和政治改革的推进，人们更加关注社会的未来发展，并更趋向于以自身利益为出发点对国家改革发展的理念、价值和目标提出主张。然而，由于各种主客观因素影响，国有企业改革、医疗改革、教育改革、住房改革等涉及人民群众切身利益的重大改革缺少高度公开透明的公众参与程序和全面系统的公众参与平台的支撑，这既使人们无法准确、及时、全面地理解国家政策理念，也导致国家无法准确得知改革政策是否达到人们的预期，难以及时疏导人们的不满情绪。并且，随着互联网的兴起，大众的发声平台得以拓宽，但制度规范和管理体制尚未成熟完善，网络有时会成为人们宣泄情绪、以讹传讹的场所，众声喧哗、舆情汹涌的现象在一定程度上冲击了主流意识形态的合法性。

事实上，改革作为一场深刻的革命，必然会带来利益格局和利益关系的调整，来自不同阶层、不同领域的群众存在利益差异和观点分歧很正常，我们不能忽视甚至否认这一点。但人民群众的整体利益是由各方面的具体利益构成的。生活在同一时代下、同一国家中，随着实践活动的越发广泛深入，个体之间、群体之间、整体之间会拥有越来越多的共同利益与价值目标。这是我国意识形态安全建设要努力的方向，也是其所遵循的必然趋势。

二、共同富裕实现的艰巨性增加意识形态安全防控难度

当前，我国"建成世界上规模最大的教育体系、社会保障体系、医疗卫生体系……人民群众获得感、幸福感、安全感更加充实、更有保障、更可持续，共同富裕取得新成效"①，但东西部地区、城乡区域仍存在着发展不平衡现象。由于部分行业的行政垄断以及高新技术行业的技术壁垒，我国行业收入差距也较为明显。共同富裕实现的艰巨性，削弱了人们对全面深化改革、不断扩大开放的信任和信心，容易引发人们的疑惑、误解和逆反心理，也对新征程上的意识形态安全建设造成了一定的消极影响。

一方面，分配社会财富时的不正之风和腐败现象损害了群众情感。"腐败和垄断加剧贫富差距，是导致贫富阶层之间冲突的重要原因。"② 随着利益格局的调整，我国现有的社会资源分配在各阶层还具有较大差异，社会资源占有的差异逐渐演变成社会成员在财富、权力和声望方面的社会地位差异。一些既得利益者为了维护自身利益，利用权力资源筑起改革壁

---

① 习近平. 高举中国特色社会主义伟大旗帜 为全面建设社会主义现代化国家而团结奋斗：在中国共产党第二十次全国代表大会上的报告 [M]. 北京：人民出版社，2022：11.

② 本书编委会. 坚定不移反对腐败的思想指南和行动纲领 [M]. 北京：人民出版社，2018：24.

垒，阻碍新生阶层向上流动，或阻挠进一步深化改革，或使改革向有利于自己的方向发展。他们中的有些人受私欲的驱动，无视群众利益，利用自身特权非法致富、搞权钱交易、假公济私、贪污税收。凡此种种污染了共同富裕的发展环境，也致使部分弱势群体和基层群众心生不满，削弱了其对社会主义制度和改革开放的认同感，甚至成为激化社会矛盾、造成社会不稳定的因素。

另一方面，贫富差距的持续存在加剧了部分群体的失衡感和不满情绪。共同富裕是全面深化改革开放的必然要求，这种全面深化需要综合、均衡、协调的发展。平均水平的提高和总量的提升并不能完全反映每个个体的实际生活状况。不解决贫困人口和弱势群体的生活问题，就不可能实现真正的共同富裕。"贫富差距是最能影响人民'幸福感'和'获得感'的现实指标"[1]。在物质相对贫乏的人群中，由于生活环境落后和教育机会不均等，有些人会表现出思想观念陈旧僵化、自力更生意识缺乏等问题；在物质相对富裕的人群中，有时会出现理想信念缺失、物欲膨胀、精神空虚等现象，少数人的物质生活奢靡化还会败坏社会风气。前者在看到后者比自身拥有更多的社会财富时，就容易产生被剥夺感和弱势感，这种心理可能会激化社会矛盾，进而影响整个社会的稳定。

尽管我国目前贫富差距现象客观存在，这是应当直面和正视的社会事实，但贫富差距不是社会主要矛盾，不是社会的主基调。共同富裕不是不要发展或者搞杀富济贫式的再分配，而是为更好地推动经济社会发展、改

---

① 杨宏伟，王彦涛. 贯彻落实五大发展理念 [M]. 北京：人民出版社，2017：229.

善人民群众生活不断打下更为雄厚的基础。在推进共同富裕实现的过程中加强意识形态安全建设，及时觉察并稳定群众的消极情绪心理是必要的，但更为重要的是注重调动贫困群众的积极性、主动性、创造性，激发贫困地区和贫困群众脱贫致富的内在活力。

三、改革中的"黑天鹅""灰犀牛"事件威胁意识形态安全

"备豫不虞，为国常道。"（《贞观政要·纳谏》）党的二十大报告指出："我国发展进入战略机遇和风险挑战并存、不确定难预料因素增多的时期，各种'黑天鹅'、'灰犀牛'事件随时可能发生。"①"黑天鹅"和"灰犀牛"都是用来描述后果严重的重大事件的概念，但其中，"黑天鹅"事件发生概率小、极其罕见且不可预测；"灰犀牛"则是指大概率会发生，事发前有迹可循却未引起足够重视，最终引发严重后果的重大危机事件。可以说，我国面临着社会风险复杂交织的严峻形势，安全生产形势仍处在爬坡过坎期，难以预料的风险日益增多，"黑天鹅""灰犀牛"事件在各个领域接踵而来。如何避免这些危机事件对国家和人民造成重大损失，如何在不确定的环境中寻找机会应对其带来的风险，是新征程意识形态安全建设不得不面对的重大课题。

一方面，多发的"黑天鹅""灰犀牛"事件会对社会成员情绪稳定造成消极影响。近年来，重大公共卫生事件和社会安全事件发生的数量有所增多，其带来的后果也不容忽视。这些事件中既有重大传染病疫情、群体性疾病、食品安全、动物疫情等严重影响公众健康和生命安全的事件，也

---

① 习近平.高举中国特色社会主义伟大旗帜 为全面建设社会主义现代化国家而团结奋斗：在中国共产党第二十次全国代表大会上的报告［M］.北京：人民出版社，2022：26.

有恐怖袭击事件、民族宗教事件、经济安全事件、群体性事件、涉外突发事件等。它们对我国经济社会的健康发展造成了严重影响，不仅造成了人员伤亡和财产损失，还在短时间内搅乱社会稳定。面对危机事件，人们大多缺乏足够的心理准备，任何风吹草动都很可能造成群情紧张、心理恐慌和行为失控现象。这时如果处置不当，极易引发社会冲突，威胁社会稳定。

另一方面，"黑天鹅""灰犀牛"事件会使党和政府的公信力和合法性面临严峻考验。党和政府的公信力和合法性，与其平稳处理各种危机、推动社会经济发展的能力息息相关。在危机时刻迅速处理各种社会事件，维持人民安居乐业的社会秩序，是党和国家不容推卸的职责所在。然而，"黑天鹅"事件突如其来，"灰犀牛"事件攻人不备，具有很强的不可预测性、复杂性和迷惑性。如果不能准确判断这些事件的性质，预测其发展趋势和动态，及时发布权威信息并有效控制事件态势，就容易发生"谣言四起"和公众非理性行为蔓延的情况，极大地损害党执政的合法性与国家的良好形象。特别是在以群体性事件为代表的社会安全事件中，事件中的利益受损者很容易形成聚力，去对抗他们认为的矛盾源（如既得利益者、基层政府、政党等），从而对主流意识形态的安全稳固构成威胁。

当今世界正处于百年未有之大变局，"我们面临着难得的历史机遇，也面临着一系列重大风险考验"①。并且，"事业越前进、越发展，新情况新问题就会越多，面临的风险和挑战就会越多，面对的不可预料的事情就

---

① 习近平关于防范风险挑战、应对突发事件论述摘编［M］. 北京：中央文献出版社，2020：220.

会越多"①。如果防范不及、应对不力，就会使矛盾风险传导、叠加、演变、升级，最终危及党的执政地位、危及国家安全。这要求我们，面对艰巨繁重的改革发展稳定任务，"既要高度警惕'黑天鹅'事件，也要防范'灰犀牛'事件；既要有防范风险的先手，也要有应对和化解风险挑战的高招；既要打好防范和抵御风险的有准备之战，也要打好化险为夷、转危为机的战略主动战"②。

◀◀◀ 第三节 ▶▶▶

改革开放进程中涌现的多元社会思潮威胁我国主流意识形态安全

伴随改革开放进程的深化，我国"实现了从生产力相对落后的状况到经济总量跃居世界第二的历史性突破，实现了人民生活从温饱不足到总体小康、奔向全面小康的历史性跨越，推进了中华民族从站起来到富起来的伟大飞跃"③。当前，中国共产党的使命任务是以中国式现代化全面推进中华民族伟大复兴。而中国式现代化是在改革开放中不断推进的，也必将在

---

① 习近平关于防范风险挑战、应对突发事件论述摘编 [M]. 北京：中央文献出版社，2020：3.
② 习近平谈治国理政：第 3 卷 [M]. 北京：外文出版社，2020：219 - 220.
③ 中共中央关于党的百年奋斗重大成就和历史经验的决议 [M]. 北京：人民出版社，2021：22.

改革开放中开辟广阔前景。由此凸显进一步全面深化改革、对外开放的重要性。但与此同时，我们也要看到，随着对外开放程度的愈益加深，社会思潮也愈加多元，从而对我国主流意识形态形成了一定的冲击和挑战。其中带来比较大挑战的社会思潮有新自由主义、"普世价值"论、历史虚无主义、个人主义、民主社会主义以及儒化思潮等。由于第三章和第五章分别对新自由主义和"普世价值"论进行了较为详细的论述，故本部分不再对二者进行赘述。

一、历史虚无主义危及党的执政根基

历史虚无主义是以唯心史观为思想依据，以否定党的领导和颠覆社会主义政权为根本目的，通过歪曲历史、杜撰所谓"历史细节"的方式攻击抹黑党的领袖、革命英烈和社会楷模的社会思潮。从思想基础来看，历史虚无主义是一种唯心主义的历史观，但它不仅是一种错误的历史观，同时也是以西方势力为根本依托、试图颠覆共产党领导和社会主义政权的危害极大的政治思潮。历史虚无主义由来已久，20 世纪 80 年代末 90 年代初的东欧剧变、苏联解体，使得世界范围内的社会主义运动遭遇严重挫折，否定革命、鼓吹改良的历史虚无主义思潮也趁机开始在我国传播。随着我国对外开放的深入，特别是进入 21 世纪以来，中国积极拥抱全球化，进一步开放国门，历史虚无主义更是伴随着西方的资本扩张和文化传播而渗透至我国。一些信奉历史虚无主义的所谓的"公知"，更是将虚无主义的思想运用到对我国党史、新中国史、改革开放史、社会主义发展史和中华民族发展史的具体内容的解读和研究上，炮制出针对我国的历史虚无主义。

历史虚无主义的表现形式多样，其危害也巨大。一方面，历史虚无主义通过鼓吹所谓的"革命无用论",来否定历史发展的客观规律,特别是否定社会主义革命的历史合理性以及社会主义代替资本主义的历史必然性,试图瓦解人们对于社会主义道路的认同和拥护。另一方面,历史虚无主义通过歪曲党史、新中国史、改革开放史、社会主义发展史和中华民族发展史中的一些具体内容,或者杜撰所谓的"历史真相",来达到抹黑中国共产党、党的领袖和革命英烈等的形象的目的。历史虚无主义特别善于打着所谓"秘史""戏说""解密真相""反思历史"的幌子,歪曲、杜撰和篡改历史真相,通过一些所谓的"真实的细节",解构主流意识形态及其象征,在吸引群众眼球的同时,达到混淆视听、误导群众认知的目的。然而,历史虚无主义的根本目的还不在于此。在混淆视听、误导群众认知的背后,历史虚无主义悄然消解着人民群众对于社会主义道路、理论、制度、文化的认同和自信,消解着广大民众的价值认同和民族自尊心、自豪感;更重要的是,通过扰乱中国社会的价值观、毁灭人民的精神支柱,进而达到其颠覆中国共产党的领导、颠覆社会主义政权的目的,可谓用心险恶。毫无疑问,如果放任历史虚无主义蔓延,将会严重削弱马克思主义在意识形态领域的指导地位,也会不断消解全党全国人民团结奋斗的思想基础。

新征程中,历史虚无主义不会轻易消失,而是会抓住人们消遣娱乐、猎奇探险的心态,继续乔装改扮,散播错误观点和思想。特别是,随着网络媒介和大数据、人工智能等新技术的发展,历史虚无主义必然会借助新的网络技术以及新的网络平台,以更加隐蔽的方式包装自身,渗透到人民群众的日常生活,特别是娱乐消遣当中,达到扰乱人们思想、瓦解人民价值观的目的。为此,一方面,"要旗帜鲜明反对历史虚无主义,加强思想引导和理论辨析,澄清对党史上一些重大历史问题的模糊认识和片面理解，更好正本清源、固本培元"①。只有坚持以唯物史观为思想武器，树立正确的党史观，深刻认识党史主题和主线、主流和本质，才能筑牢思想壁垒，坚定"四个自信"，鼓起奋进新时代、迈进新征程的精气神。另一方面，要特别注意历史虚无主义在新征程中的新的表现形式和新的表达载体。我们应当积极运用大数据、人工智能等新科技，建立更为先进和完善的错误思潮的技术防范和预警机制，从技术层面把握管控的主导权。

二、个人主义的盛行削弱了集体主义话语的影响力

个人主义在西方具有非常悠久的历史，可追溯到古希腊时期。但作为一种价值观念和道德原则，个人主义则是随着中世纪后期资本主义生产关系的形成而逐渐生成并发展起来的。它主张个人本身是目的，个人的自由、自主和隐私具有极端重要性，坚持个人利益至上。从本质上说，个人主义是一种关于政治制度、经济制度及思想文化制度的全面的资产阶级意识形态体系。我国本不具有个人主义生存的土壤，但随着对外开放程度的加深以及社会主义商品经济的发展，西方资产阶级自由化思潮的喧嚣声愈益猖狂，个人主义也随之涌入国内，冲击着集体主义的主导地位。在 20 世纪 80 年代，集体主义与个人主义之间还发生了多次比较具有代表性的论战，且每一次论战都会于不同程度上引发国民在世界观、人生观和价值观上的混乱。

中国特色社会主义进入新时代以后，在全面深化改革、不断扩大开放的进程中，个人主义的影响仍在持续。例如，在党内依然有少数党员丢弃初心、遗忘使命，贪图安逸、奢侈浪费，讲排场、比阔气，争名誉、抢职

---

① 习近平 . 在党史学习教育动员大会上的讲话 [M]. 北京：人民出版社，2021：25.

位，在改革中存在个人本位倾向，凡事只按照自己的意愿来，不愿听基层和一线的声音，不去接触第一手材料，甚至把是否对自己有利作为进行改革与否的标准，这必然不利于政府公信力的增强，也不利于社会主义现代化进程的推进。再如，部分民众信奉"人生得意须尽欢""今朝有酒今朝醉"等人生哲学，把追求享乐作为行动原则，把感官上的快乐当作人生目的及评判所有是非、善恶的唯一标准，加剧人与人之间的疏远、对立和冲突，而人际关系的紧张必定不利于社会和谐稳定，更有可能引致整个社会成为一盘散沙，失去凝聚力和向心力。近年来受到人们普遍关注的"饭圈化"现象也蕴含着个人主义价值倾向。例如，"饭圈化"现象讲求"圈地自萌"、党同伐异，容易造成"饭圈"之间互相伤害以及"饭圈"网暴"路人"的群体极化现象；有些资本或个人为了牟取私利，会裹挟和诱导青少年粉丝参与"饭圈"互撕，进行拉踩引战，从而导致网络空间乌烟瘴气，侵害公共利益。

就个人主义对集体主义话语影响力的削弱而言，其主要体现在：其一，改革开放进程中频频发生的极端个人主义现象威胁集体主义的价值引领力。尽管中国共产党在过去一百多年的历史中从总体上守住了初心，并以不同方式践行使命，但不可否认，由改革开放和市场经济的发展所引发的个人本位倾向在少数党员中依然存在。例如，有的党政领导干部政治野心膨胀，利欲熏心，不但滥用手中的权力为自己的亲属谋便利，而且结党营私、拉帮结派，打招呼、批条子、递材料，甚至让下级或执法司法机关做违反党纪国法的事，把上下级之间的关系搞成封建社会那种君臣父子关系或帮派关系。还有一些地方党组织，随着社会利益格局的调整以及国家对它们的制约范围逐渐缩小，获得了更大的决策权与自由活动空间，以至于在一定范围内滋长蔓延了宗派主义、分散主义、自由主义等错误思想。除此之外，改革开放以来，我国还涌现出大量个体劳动者阶层和私营企业主阶层，虽然他们中的大多数为市场经济的繁荣发展贡献了力量，但也有个别人和企业在逐利的道路上走火入魔，置国家法律、道德于不顾，做出损害人民群众利益的事情。这些说到底都是"私"字在作祟，是极端个人主义的表现，对集体主义的挑战和冲击最大。其二，激烈的竞争环境、多重压力齐聚，导致人们整日疲于"内卷"，在一定程度上弱化了集体荣誉感和奉献精神。集体主义需要通过一定的物质承载形式表现自己。对个人而言，其中最重要的物质承载形式是对集体的奉献行为；对集体来说，则是切实保障个人的正当利益，履行对个人发展所负有的道德责任。然而，改革开放和市场经济的发展在增强人们的自我意识和平等意识的同时，也增强了其竞争意识，形成了较为激烈的竞争环境，当前更是营造出"内卷化"的社会氛围，从而导致一些人的自私自利思想不断得到强化，只关心自己眼前的利益而无暇顾及社会整体利益和他人合法权益，甚至损害他人和集体利益，造成人与人之间关系的紧张。其三，理论界不断有人质疑集体主义作为"社会主义道德基本原则"的定位，以多种形式为个人主义"正名"。把集体主义当作社会主义道德的原则予以倡导，原本是无可争议的，我们自新中国成立以来也是这么做的，而且党的很多重要的规范性文件里都明确写着"社会主义道德（建设）以集体主义为原则"，但是，伴随社会条件发生了转变及利益格局的调整、分化，近些年来学界关于社会主义道德原则到底是一个还是多个、集体主义还能否成为最基本的原则等问题有不同认识，争鸣不断。甚至有人提出，要用个人主义代替集体主义，认为在市场经济条件下，为了推动改革取得更大成效，必须坚持个人主义。这些观点倘若得不到及时有力的回应和纠正，势必会严重腐蚀人们的思想。

三、民主社会主义的传播干扰了中国特色社会主义的运行

民主社会主义直接起源于 20 世纪 50 年代社会党国际成立大会的宣言，是资产阶级意识形态长期影响工人运动的产物。与科学社会主义不同，民主社会主义否定建立社会主义公有制的必要，主张指导思想多元化、多党执政、无须革命的改良主义。民主社会主义与中国特色社会主义的性质和内在要求背道而驰，它在中国的泛起不但挤压了科学社会主义的发展空间，而且干扰了中国特色社会主义的运行。其对意识形态安全建设的危害集中表现在：一是企图制造指导思想上的混乱，否定马克思主义在我国的指导地位。坚持马克思主义指导思想的一元性是历史和人民的选择，是被实践证明的符合我国国情的选择。"拥有马克思主义科学理论指导是我们党坚定信仰信念、把握历史主动的根本所在。"[①] 而民主社会主义鼓吹"意识形态多元"，宣称在指导思想上秉持"兼收并蓄"的原则，实际上是对马克思主义科学世界观和方法论的反对。这种错误的价值倡导容易造成人们思想认识上的混乱，乃至使人形成错误认知，弱化对马克思主义的认同和信仰。二是企图制造改革方向上的混乱，否定革命和自我革命的重要作用。历史和实践已反复证明，通过革命的方式取得无产阶级专政是实现社会主义和共产主义的第一步，也是必经阶段，而自我革命是中国共产党"跳出治乱兴衰历史周期率的第二个答案"，"确保党永远不变质、

---

① 习近平．高举中国特色社会主义伟大旗帜 为全面建设社会主义现代化国家而团结奋斗：在中国共产党第二十次全国代表大会上的报告 [M]．北京：人民出版社，2022：16.

不变色、不变味"①。但民主社会主义反对无产阶级革命，主张在资本主义范围内通过和平、合法的议会道路过渡到社会主义社会，使人们误认为民主社会主义和社会主义具有一脉相承性，且是一种能够克服两种社会制度弊端的道路方案，因此对社会主义制度优越性抱有怀疑。三是放弃工人阶级的立场，模糊党的阶级属性。民主社会主义将"政治多元化"奉为圭臬，不仅拿"民主"来攻击无产阶级专政，还企图用西方多党制来取代中国共产党领导的多党合作和政治协商制度，企图制造政党政治问题上的混乱，忽视和否定中国共产党在改革开放中的领导核心作用。许多人受民主社会主义蛊惑，认为中国也应该实行西方的多党制，政党通过多党竞选获得执政权。诸如此类，都是中国特色社会主义运行所面临的思想阻碍。顺利推进新征程上的意识形态安全建设，紧紧围绕推进中国式现代化进一步全面深化改革，需要破除这些思想阻碍。

四、"儒化"思潮割裂了马克思主义和中国传统文化的关系

"儒化"思潮又称文化复古主义思潮，大致出现于 20 世纪八九十年代。持这一论调者往往打着"弘扬"传统文化的旗号，在思想文化上主张"唯儒独尊"，排斥包括马克思主义在内的一切非儒文化，割裂了马克思主义和中国传统文化之间相互依存、相互促进的关系，削弱了马克思主义在我国意识形态领域的指导地位；在社会政治制度的建构问题上，则试图通过"儒化"中国、"儒化"共产党、"儒化"社会的方式，淡化人们对马克思主义中国化时代化的认同、对中国特色社会主义制度的维护。

---

①　习近平. 高举中国特色社会主义伟大旗帜 为全面建设社会主义现代化国家而团结奋斗：在中国共产党第二十次全国代表大会上的报告 [M]. 北京：人民出版社，2022：14.

回望过去，伴随改革开放程度的愈益加深，国内兴起了一股"国学热"，推动了以儒家文化为核心的中国传统文化的复兴。"国学热"的兴起彰显出国人对传统文化的重新审视和高度重视，具有积极意义；但与此同时，理论界出现了"儒化"我国主流意识形态的倾向，企图用"儒化"了的意识形态话语体系代替马克思主义在我国的指导地位。其消极影响主要体现在：一方面，削弱人们对于马克思主义指导地位的认同。马克思主义是我们立党立国、兴党兴国的根本指导思想。马克思主义中国化时代化既是马克思主义基本原理与中国具体实践相结合的伟大实践创造，也是马克思主义与中华文化传统相结合的伟大理论创新。"儒化"思潮过分抬高儒学传统的影响意义，将马克思主义中国化时代化等同于马克思主义儒学化。不少人在这一思潮的影响下对马克思主义中国化的内涵实质产生错误认知，认为马克思主义在中国的百年历史是失败的，只要用儒家思想取代马克思主义的指导地位就能解决当前中国的发展问题，从而在认识和运用马克思主义上陷入教条主义。另一方面，消解人们对中国特色社会主义的认同。"儒化"思潮绝不仅是一种思想文化派别，而是具有鲜明的政治目标、计划、方案和主张。在长期的实践探索中，我国逐渐形成了具有本国特色的社会主义先进制度，进行了翻天覆地的历史性变革，取得了举世瞩目的历史性成就。然而，"儒化"思潮无视这一客观历史事实，对中国特色社会主义制度进行大肆批判和抹黑，将社会主义民主政治扭曲为"专制统治"，并极力鼓吹私有制的合理性，提出一套把中国变为"儒教国"的制度建构方案，长此以往必将动摇人们对中国特色社会主义的信念。

正如习近平指出的："传统文化在其形成和发展过程中，不可避免会受到当时人们的认识水平、时代条件、社会制度的局限性的制约和影响，因而也不可避免会存在陈旧过时或已成为糟粕性的东西。"① 包括孔子和儒学在内的中国优秀传统文化蕴藏着解决当今人类面临的各种难题的重要启示。研究孔子、研究儒学，是认识中国人的民族特性、认识当今中国人精神世界历史来由的一个重要途径。我们要重视传承和弘扬中华优秀传统文化，也要坚持"有鉴别的对待、有扬弃的继承，而不能搞厚古薄今、以古非今"②，坚决反对"全盘儒化"等极端化的"土八股"思想。

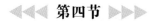

第四节

坚守正确政治方向，破立并举占领改革开放的意识形态高地

2024 年 4 月，习近平总书记在主持召开中共中央政治局会议时强调指出："全党必须自觉把改革摆在更加突出位置，紧紧围绕推进中国式现代化进一步全面深化改革。"③ 全面深化改革、不断扩大开放是中国的发展大势，然而在新时代新征程上进一步推动改革开放并不是一件容易的事，特别是"随着改革进入攻坚期和深水区，遇到的阻力越来越大，面对的暗

---

①②　习近平. 在纪念孔子诞辰 2565 周年国际学术研讨会暨国际儒学联合会第五届会员大会开幕会上的讲话 [M]. 北京：人民出版社，2014：11.

③　决定召开二十届三中全会 [N]. 人民日报，2024 - 05 - 01.

礁、潜流、漩涡越来越多"①。改革开放进程中的意识形态问题尤其需要我们注意,一刻也不能放松,"必须把意识形态工作的领导权、管理权、话语权牢牢掌握在手中,任何时候都不能旁落,否则就要犯无可挽回的历史性错误"②。为此,应当在高举中国特色社会主义伟大旗帜中坚守全面深化改革的方向,通过既"破"又"立"的方式,占领改革开放意识形态高地。

一、在准确把握全面深化改革总目标中坚持正确方向

全面深化改革不是任意而为,必须遵循正确方向,必须围绕"完善和发展中国特色社会主义制度、推进国家治理体系和治理能力现代化"③这一总目标开展力争"到二〇三五年,全面建成高水平社会主义市场经济体制,中国特色社会主义制度更加完善,基本实现国家治理体系和治理能力现代化,基本实现社会主义现代化,为到本世纪中叶全面建成社会主义现代化强国奠定坚实基础"④。习近平对此作出具体阐释:"不实行改革开放死路一条,搞否定社会主义方向的'改革开放'也是死路一条。我们要有主张、有定力。改什么、怎么改必须以是否符合完善和发展中国特色社会主义制度、推进国家治理体系和治理能力现代化的总目标为根本尺度,该改的、能改的我们坚决改,不该改的、不能改的坚决不改,决不能在根本性问题上出现颠覆性错误。"⑤ 质言之,全面深化改革的根本方向就是中国

---

① 习近平新时代中国特色社会主义思想学习纲要[M]. 北京:学习出版社,人民出版社,2019:81.

② 习近平关于社会主义文化建设论述摘编[M]. 北京:中央文献出版社,2017:21.

③ 习近平. 在庆祝改革开放 40 周年大会上的讲话[M]. 北京:人民出版社,2018:8.

④ 中共二十届三中全会在京举行[N]. 人民日报,2024 - 07 - 19.

⑤ 同①86.

特色社会主义道路，而推进国家治理体系和治理能力现代化则是坚持和完善中国特色社会主义的鲜明指向。

这要求我们，一方面，在进一步全面深化改革、不断扩大开放的过程中必须坚定不移地走中国特色社会主义道路。"坚持中国道路"是中国共产党在百余年历史中积累的宝贵经验，必须予以坚持。改革开放是一个涉及国内国际、经济社会等领域的复杂系统工程，需要统筹各方面要素、采取不同措施协同发力，但不管改什么、怎么改，都必须围绕中国特色社会主义这个"中心点"进行。一旦脱离这个轴心，改革开放就会改了向、变了色，那就与发展和完善中国特色社会主义制度的目的南辕北辙了。另一方面，要适应社会主义现代化新征程的要求，从各个领域推进国家治理体系和治理能力现代化。在过去的一百多年里，为建设一个繁荣富强的现代化中国，中国共产党团结带领中国人民自信自强、守正创新，走出了一条具有中国特色的国家治理现代化之路。基于此，我们要聚焦经济、政治、文化、社会、生态文明和党的建设等领域不完善的体制机制、法律法规进行改革，不断建构一整套紧密相连、相互协调的国家制度；还要注重国家治理能力建设，围绕改革发展稳定、内政外交国防、治党治国治军等方面进行改革，实现各方面制度优势向管理国家效能的转化。如此，才能实现国家治理体系现代化和国家治理能力现代化的良性互动。

二、在防范化解重大社会风险挑战中开拓事业新局面

改革开放是中国共产党的一次伟大觉醒，也是决定当代中国前途命运的伟大事业。"越是伟大的事业，越是充满挑战，越需要知重负重。"① 在

---

① 习近平. 在"七一勋章"颁奖仪式上的讲话 [M]. 北京：人民出版社，2021：3.

全面深化改革、不断扩大开放的前进道路上，我们必然会遇到各种艰难险阻，要进行许多具有新的历史特点的伟大斗争。这就需要主动提升研判风险、应对挑战的能力，在积极有效防范化解重大风险挑战中开拓中国特色社会主义事业新局面。

一是坚持底线思维、增强忧患意识，在深刻把握错综复杂的国内外大势中提升科学预见风险挑战的能力。古人云："居安思危。思则有备，有备无患。"（《左传·襄公十一年》）习近平总书记也反复强调底线思维的重要性。他指出："各种风险我们都要防控，但重点要防控那些可能迟滞或中断中华民族伟大复兴进程的全局性风险，这是我一直强调底线思维的根本含义。"① 改革也好，开放也罢，都会涉及各领域、多方面的深层次问题，且这些问题往往是交织在一起出现的，隐藏了许多风险。所以，"我们必须增强忧患意识，坚持底线思维，做到居安思危、未雨绸缪，准备经受风高浪急甚至惊涛骇浪的重大考验"②，"必须从一开始就把防风险放在突出位置，对引发潜在风险的因素及其作用机制、防控方法保持清醒全面认识，以各种方式加大风险防控力度"③；还要"辩证认识和把握国内外大势，加强战略性、系统性、前瞻性研究谋划，做好较长时间应对外部环境变化的思想准备和工作准备，善于在危机中育新机、于变局中开新局"④。

二是发扬斗争精神，提高化解风险、克服挑战的能力。中国共产党是勇于自我革命的党。习近平总书记在党的十九届六中全会上告诫全党：

---

① 习近平关于防范风险挑战、应对突发事件论述摘编［M］. 北京：中央文献出版社，2020：16.

② 习近平. 高举中国特色社会主义伟大旗帜 为全面建设社会主义现代化国家而团结奋斗：在中国共产党第二十次全国代表大会上的报告［M］. 北京：人民出版社，2022：26.

③ 彭劲松. 在防范化解重大风险中不断前进［N］. 学习时报，2019 - 01 - 25.

④ 习近平. 在全国抗击新冠肺炎疫情表彰大会上的讲话［M］. 北京：人民出版社，2020：26.

"要牢记中国共产党是什么、要干什么这个根本问题，把握历史发展大势，坚定理想信念，牢记初心使命，始终谦虚谨慎、不骄不躁、艰苦奋斗，从伟大胜利中激发奋进力量，从弯路挫折中吸取历史教训，不为任何风险所惧，不为任何干扰所惑"①。这要求我们必须切实增强化解风险的能力、提升斗争本领。除了把握内外部环境以外，还需掌握调查研究的方法和艺术，全面了解改革开放进程所关涉的各领域实际情况，制定出合理的风险管控方案，并辅以日常监测和演练，打好随时抵御风险的有准备之战。

三是完善风险研判和防控机制，为化解重大社会风险提供制度保障。"真正实现社会和谐稳定、国家长治久安，还是要靠制度，靠我们在国家治理上的高超能力，靠高素质干部队伍。"② 当前的紧要任务是规范队伍建设，配备必要人员来专门负责社会舆情收集、分析和处理工作，"完善风险防控机制，建立健全风险研判机制、决策风险评估机制、风险防控协同机制、风险防控责任机制"③，"对易发重特大事故的行业领域，要采取风险分级管控、隐患排查治理双重预防性工作机制"④，还要督促各级领导机关与主要领导干部勇担时代重任，主动部署和推进风险防控工作，同时动员社会力量共同监督风险发生的可能、协同应对挑战。

三、在开展意识形态交锋与思想斗争中引领多元社会思潮

意识形态话语权的获得，离不开理论引领和思想斗争。在全面深化改

---

① 中共中央关于党的百年奋斗重大成就和历史经验的决议［M］. 北京：人民出版社，2021：72.
② 习近平关于防范风险挑战、应对突发事件论述摘编［M］. 北京：中央文献出版社，2020：179－180.
③ 同②196.
④ 同②191.

革、不断扩大开放的进程中，需要通过开展意识形态交锋和斗争去引领新思潮。应当承认，多种社会思潮并存、多样价值观念交锋、多元思想文化交融有利于社会的健康发展，但前提是，要处理好"一"和"多"的关系，要确保其他意识形态在社会主义意识形态的引领和规约下生存与发展。

鉴于此，一要强化"引领"的意识，提升引领能力。"思想文化阵地，马克思主义、无产阶级的思想不去占领，各种非马克思主义、非无产阶级的思想甚至反马克思主义的思想就会去占领"①。"舆论导向正确是党和人民之福，舆论导向错误是党和人民之祸。"② 这要求我们必须时刻关注意识形态领域斗争，不仅要守住思想防线，还要积极引领其他社会思潮的发展。比如，可以通过创新学术研究成果的形式，加强正面教育引领，实现"影响范式"和"引领范式"的有机结合。或者，也可以通过创作优秀文艺作品的方式，讲好中国故事，展示好祖国的大好河山、当代中国发展进步的主流、改革开放的伟大成就、中国人民蓬勃向上的精神风貌，给国民和国际友人提供深入了解中国的独特视角和开放窗口。

二要抓住互联网这个关键领域，培养主流意识形态的意见领袖。习近平指出："网络已是当前意识形态斗争的最前沿"③，"互联网等新媒体快速发展，如果我们不主动宣传、正确引导，别人就可能先声夺人，抢占话语权"④。身处信息时代，网络舆论阵地已经成为各种思想抢夺的重要领域。因此，引导舆论方向，传播主流社会思潮，需要善用新闻媒介和网络平

① 江泽民文选：第3卷［M］. 北京：人民出版社，2006：97.
② 习近平关于总体国家安全观论述摘编［M］. 北京：中央文献出版社，2018：118.
③ 习近平. 论党的宣传思想工作［M］. 北京：中央文献出版社，2020：22.
④ 习近平关于网络强国论述摘编［M］. 北京：中央文献出版社，2021：49.

台，建设社会主义核心价值体系的网络阵地。党的新闻舆论工作部门要自觉高举旗帜、引领导向，注重发挥联动效应，及时有效地处置舆情关注的事件，尤其要处理和引导好涉及社会公共利益的问题，尽早准确、简洁、公开地发布正面信息；同时也要建设包括官方媒介、思想政治工作者等在内的代表社会主义主旋律的网上队伍，强化其感知社会热点的敏锐力、运用新媒体把握舆情的能力，占领舆论制高点。

三要对非社会主义意识形态特别是反社会主义意识形态的内容、实质和危害进行深度剖析与广泛宣传，引导民众拿起"批判的武器"对错误思想和错误思潮进行批判，共同维护好主流意识形态。"历史和现实都警示我们，思想舆论阵地一旦被突破，其他防线就很难守得住。在意识形态领域斗争上，我们没有任何妥协、退让的余地，必须取得全胜。"① 具言之，要促使相关专家学者在认真学习马克思主义、中国特色社会主义理论体系尤其是习近平新时代中国特色社会主义思想，全面理解和领悟社会主义意识形态的内核与精髓的过程中更好地揭示各种非社会主义意识形态的实质，进而做好宣传教育工作：既要引导、培育和强化人们对社会主义意识形态所倡导的思想理论、理想信念、道德准则、价值取向等内容的自觉认同和积极拥护，还要激发全体社会成员参与意识形态建设的积极性和主动性，启发民众自觉拿起"批判的武器"开展意识形态斗争，参与意识形态建设。

四、在促进公平正义与增进人民福祉中凝聚社会共识

全面深化改革是一项涉及多方面利益关系的系统工程，除了需要从

---

① 习近平关于总体国家安全观论述摘编［M］. 北京：中央文献出版社，2018：118.

"破"的角度防范化解重大风险挑战、开展意识形态斗争之外，还需要从"立"的角度夯实思想根基、凝聚社会共识、增进行为认同。习近平指出："全面深化改革必须以促进社会公平正义、增进人民福祉为出发点和落脚点。""如果不能给老百姓带来实实在在的利益，如果不能创造更加公平的社会环境，甚至导致更多不公平，改革就失去意义，也不可能持续。"① 所以，在促进公平正义、增进人民福祉中凝聚社会共识，是全面深化改革的题中应有之义，也是占领意识形态高地的必然要求。为此，可以从如下几方面着力：

第一，把促进社会公平正义、增进人民福祉作为改革的方向和目标。"公平正义是中国特色社会主义的内在要求，所以必须在全体人民共同奋斗、经济社会发展的基础上，加紧建设对保障社会公平正义具有重大作用的制度，逐步建立社会公平保障体系。"② 聚焦经济、政治、社会等各领域的发展情况，凡是未能体现社会公平正义、不能满足民生需要的体制机制、政策法规，都要进行广泛且深入的改革。要注意制度创新，尽可能消除一切因素尤其是人为因素造成的不公正现象，最大程度地实现人人平等参与、平等发展的权利。

第二，要着重解决社会发展不平衡不充分的问题，把不断做大的"蛋糕"分好。随着改革开放的深入推进，"中国特色社会主义进入新时代，我国社会主要矛盾已经转化为人民日益增长的美好生活需要和不平衡不充分的发展之间的矛盾"③。发展不平衡主要指各区域各领域各方面发展不够平衡，发展不充分主要指一些地区、一些领域、一些方面还存在发展不足

---

① 十八大以来重要文献选编：上 [M]. 北京：中央文献出版社，2014：552，552-553.

② 习近平关于社会主义社会建设论述摘编 [M]. 北京：中央文献出版社，2017：25.

③ 习近平. 决胜全面建成小康社会 夺取新时代中国特色社会主义伟大胜利：在中国共产党第十九次全国代表大会上的报告 [M]. 北京：人民出版社，2017：11.

的问题。就矛盾的两个方面而言，不平衡不充分的发展"已经成为满足人民日益增长的美好生活需要的主要制约因素"①，所以必须瞄准这一方面发力，通过制度安排，把促进社会公平正义的事情做好，在推进中国特色社会主义事业不断发展的基础上把"蛋糕"分好，让全体人民感受到自己在朝着共同富裕的方向迈进。

第三，要依靠人民解决社会不公正的问题，满足人民的美好生活需要。马克思主义群众史观认为，人民是历史的创造者，群众是真正的英雄，只有依靠人民群众办事，才能无往而不胜。习近平多次强调："我们的方向就是让每个人获得发展自我和奉献社会的机会，共同享有人生出彩的机会，共同享有梦想成真的机会"②。解决社会公平正义的问题、增进人民福祉，同样需要依靠人民，需要发挥人民的主体性作用，鼓励人民真正参与到改革进程中，释放自身的智慧和力量，才能既增强人民群众的获得感，又解决改革开放过程中面临的诸多困难。

五、在构建新时代意识形态话语体系中增进思想认同

当前，国内国际形势的深刻变化使我国意识形态领域面临极为错综复杂的情况，"各种敌对势力一直企图在我国制造'颜色革命'，妄图颠覆中国共产党领导和我国社会主义制度。这是我国政权安全面临的现实危险。他们选中的一个突破口就是意识形态领域，企图把人们思想搞乱，然后浑水摸鱼、乱中取胜"③。面对中国特色社会主义的蓬勃发展，美国和西方反

---

① 习近平关于"不忘初心、牢记使命"论述摘编 [M]. 北京：中央文献出版社，2019：28.
② 习近平关于社会主义社会建设论述摘编 [M]. 北京：中央文献出版社，2017：32.
③ 同②37.

华敌对势力长期把政治多元化、经济自由化、科技依附化作为对华接触的政治图谋，试图以各种方式对中国进行意识形态渗透，妄图与中国打一场没有硝烟的战争，诱使中国走上改旗易帜的邪路。例如，美国从 2018 年开始编出各种理由，主动发起中美贸易争端；打着"民主"的旗号将 2019 年发生在香港的示威游行称为"一道美丽的风景线"；2020 年又公开将世卫组织正式命名的新冠病毒"COVID - 19"污蔑为"中国病毒"，反复罔顾客观事实，摒弃科学态度，将病毒溯源政治化，试图诋毁中国形象，扼制中国发展进步，等等。对此，必须推进社会主义意识形态话语体系建设，进一步增强我国主流意识形态的凝聚力和引领力，强化人们的思想认同，这是我们取得意识形态斗争胜利的重要途径。

一方面，要继续坚持以马克思主义为指导建构社会主义意识形态话语体系。党的百年奋斗展示了马克思主义的强大生命力，"马克思主义的科学性和真理性在中国得到充分检验，马克思主义的人民性和实践性在中国得到充分贯彻，马克思主义的开放性和时代性在中国得到充分彰显"[1]。这是中国共产党把马克思主义作为指导思想的重要原因。另外，马克思主义占据了历史发展规律的制高点和人类道义的制高点。"在人类思想史上，没有一种思想理论像马克思主义那样对人类产生了如此广泛而深刻的影响。"[2]"实践告诉我们，中国共产党为什么能，中国特色社会主义为什么好，归根到底是马克思主义行，是中国化时代化的马克思主义行。"[3] 所

---

① 中共中央关于党的百年奋斗重大成就和历史经验的决议 [M]. 北京：人民出版社，2021：63.

② 习近平. 在纪念马克思诞辰 200 周年大会上的讲话 [M]. 北京：人民出版社，2018：10.

③ 习近平. 高举中国特色社会主义伟大旗帜 为全面建设社会主义现代化国家而团结奋斗：在中国共产党第二十次全国代表大会上的报告 [M]. 北京：人民出版社，2022：16.

以，建构社会主义意识形态话语体系的核心与重点是巩固和强化马克思主义的指导地位，将之与中国具体实际、与中华优秀传统文化相结合，并旗帜鲜明地反对以任何形式诋毁马克思主义、否定马克思主义指导地位的言行。

另一方面，要注重话语创新，不断丰富社会主义意识形态的话语表达形式。提升话语感染力是增强社会主义意识形态认同的重要方面，也是解决社会主义现代化新征程中的意识形态安全问题的重要内容。要努力建立宏大叙事与微观叙事有机结合的话语体系，善于把握宏大主题，并将人民群众中涌现出来的先进典型和感人事迹作为意识形态宣传工作的重要素材，减少抽象的概念叙事，转而采用个体喜闻乐见的口语化表达形式，将社会主义意识形态内容融入个体的理性认知和情感体验。与此同时，利用微博、微信、抖音等新兴媒体平台宣传党的意识形态话语，切实增强党的创新理论的渗透性、吸引力和感染力，使广大人民群众不断增强"四个自信"，自觉以习近平新时代中国特色社会主义思想为指导，团结、奋斗、勠力同心，为进一步全面深化改革、推进中国式现代化增势赋能。

第五章

世界百年未有之大变局中的意识形态安全问题

党的二十大报告指出："当前，世界百年未有之大变局加速演进，新一轮科技革命和产业变革深入发展，国际力量对比深刻调整，我国发展面临新的战略机遇。"① 在全面建设社会主义现代化国家开局起步的关键时期，从战略性、全局性高度出发，充分研判百年未有之大变局中蕴含的机遇与挑战，推动变局向有利的方向发展，对于下一阶段做好意识形态工作、维护意识形态安全具有重要意义。因此，必须深入分析新的动荡变革期国际形势的演变规律，准确把握历史交汇期我国外部环境的基本特征，"既要把握世界多极化加速推进的大势，又要重视大国关系深入调整的态势。既要把握经济全球化持续发展的大势，又要重视世界经济格局深刻演变的动向。既要把握国际环境总体稳定的大势，又要重视国际安全挑战错综复杂的局面。既要把握各种文明交流互鉴的大势，又要重视不同思想文化相互激荡的现实"②。在分析和预判影响意识形态安全的风险点与危机源的基础上，顺应时代发展大势，提升我国意识形态国际话语权。

◀◀◀ 第一节 ▶▶▶

大国关系深入调整中意识形态领域斗争激烈复杂

世界社会主义 500 年的发展史，就是一部同形形色色的社会思潮特别

---

① 习近平. 高举中国特色社会主义伟大旗帜 为全面建设社会主义现代化国家而团结奋斗：在中国共产党第二十次全国代表大会上的报告 ［M］. 北京：人民出版社，2022：26.
② 习近平谈治国理政：第 3 卷 ［M］. 北京：外文出版社，2020：428.

是资本主义斗争的历史。西方从未放弃颠覆破坏中国特色社会主义的图谋。当前，国际形势加速深刻演变，不确定性、不稳定性凸显，世界处在历史的十字路口，面临单边与多边、对抗与对话、封闭与开放的重大选择。习近平曾在第二十三届圣彼得堡国际经济论坛全会上的致辞中指出："当今世界正经历百年未有之大变局。新兴市场国家和发展中国家的崛起速度之快前所未有"①。这极大地改变了国际力量格局，使国际力量对比呈现"东升西降"的态势。伴随大国关系的深入调整，国际形势错综复杂，不同国家间意识形态国际话语权之争趋于激烈。与此同时，百年变局和世纪疫情交织影响，美国全面加大对华战略遏制和打压力度，以特朗普、拜登为首的美国政府公开宣称"美国优先"，大搞疫情政治化、病毒污名化、溯源工具化，消极对待国际合作和全球抗疫，并以意识形态划线，制造集团政治和阵营对抗，致使国际社会中冷战思维与零和心态沉渣泛起，新一轮大国博弈中风险加剧，我国的意识形态安全面临巨大威胁。

一、"东升西降"态势激化意识形态国际话语权之争

"东升西降"成为世界力量对比的新态势。20 世纪后期，东欧剧变、苏联解体，美苏两极对立的世界格局宣告终结，在旧秩序被打破而新秩序尚未建立之时，美国在国际社会中的主导地位达到了历史的巅峰，世界力量格局随即进入了"一超多强"的历史阶段，全球以西方为中心，西方以美国为中心，西方世界俨然成为发展繁荣的中心地带。进入 21 世纪，深刻广泛的科技发展和工业革命浪潮席卷全球，世界范围内的社会生产力得

---

① 习近平. 坚持可持续发展 共创繁荣美好世界：在第二十三届圣彼得堡国际经济论坛全会上的致辞［N］. 人民日报，2019 - 06 - 08.

到极大解放和发展，在去殖民化斗争中实现国家独立和民族解放的广大亚非拉国家，通过加快内部改革、扩大对外开放，积极融入全球经济体系，搭乘产业革命的浩荡春风，实现了经济水平和民生水平的大幅提升。一大批新兴国家和发展中国家群体性崛起，其经济总量已占到世界总量的40％，对世界经济增长的贡献亦高达80％，因而逐步成为国际权力转移的决定性力量。反观美国和欧洲国家，近20多年间，美国高度依赖虚拟经济，直接诱发2008年世界金融危机，对外惯于干涉他国内政，多次插手中东事务，染指我国香港、台湾，先后发动阿富汗战争、伊拉克战争和叙利亚战争，其在国际社会中的种种行径与其所倡导的"自由、民主、人权"等"普世价值"大相径庭，美国的国际信誉不断透支，国家形象一落千丈。欧洲地区过去十余年深受主权债务危机、移民难民危机、恐怖主义危机的困扰，法国"黄背心"运动、英国正式"脱欧"和德国默克尔时代的终结，代表着昔日带动欧洲发展的"三驾马车"也陷入发展困境。进入2024年，欧元区各成员国经济表现差异明显，尤其是"欧洲经济火车头"德国二季度经济出现环比萎缩，未来欧元区经济走向仍不明朗，欧洲一体化走到了新的十字路口。由此可知，一方面，新兴国家和发展中国家的群体性崛起，使得国际力量对比更趋均衡，和平大势更加强劲；另一方面，以西方国家为主导的旧有国际秩序和全球治理体系日益失衡、失灵，国际权力转移和再分配步伐不断加速。在这两类国家发展态势综合作用之下，"东升西降"成为世界力量对比的新态势。

不同国家意识形态国际话语权之争趋于激烈。在国际社会中，战争是不同国家争夺话语权最直接、最原始的方式，但在世界交往不断扩大，人类社会进入一荣俱荣、一损俱损的新阶段之际，国际社会矛盾冲突趋于隐蔽和复杂，诉诸军事力量的争夺手段逐步退隐，政治和文化演变为一种隐性的武器，充当国际社会中不同主体的"交战"手段。换言之，当今世界和平与发展的风平浪静之下，意识形态话语权斗争暗流汹涌。"东升西降"态势加重了东西方国家分裂对抗的风险，使不同国家间意识形态国际话语权斗争更趋激烈，西方国家企图继续维持其在国际话语格局中的主导地位，日益崛起的新兴力量希望拥有更多的国际话语权。具体来看，世纪疫情影响深远，直接将欧美国家暴露在制度模式与价值观输出不畅的巨大压力之下。于是，西方加紧意识形态攻势，升级国际舆论战、信息战和政治战，大肆炮制和传播"政治病毒"，企图运用"中国威胁论""中国责任论"等话语工具，妖魔化中国共产党和中国政治制度，甚至妄图在中国策动"颜色革命"，打断中华民族伟大复兴的历史进程。作为回应，新兴国家和广大发展中国家的发声与澄清却难以在"西强我弱"的国际舆论格局中顺利突围。种种因素叠加之下，不同国家间尤其是西方国家与新兴国家间的意识形态斗争趋于激烈，其隔阂和裂隙也在国际话语权争夺中日益扩大。

二、新一轮大国博弈中我国意识形态安全面临巨大威胁

围绕欧洲、跨大西洋、中东和亚太等地区，新一轮大国博弈金鼓齐鸣。美国是影响大国关系和国际秩序健康有序发展的关键变量。20 世纪后半期，美国仰赖两次世界大战中形成的国际政治经济事务方面的垄断或控制地位，抢先一步占据战略资源，进而占据了世界第一大国的宝座，自然而然地成为大国博弈和国际秩序中的关键角色。但与此同时，美国的优势地位必然限制其他国家的生存发展空间。于是，其他大国寻求"突破现

状"以壮大自身，美国则致力于"维持现状"，"突破现状"与"维持现状"间的张力持久存在，大国博弈也就成为必然。当前世界百年未有之大变局加速演进，大国之间的实力对比悄然发生变化。首先，欧美跨大西洋关系遭遇创伤，传统欧美盟友关系产生松动和分化。在欧洲内部，欧盟难以在疫情危机中承担救助责任、供给有效方案，再次陷入温和而无效的治理困境。保守主义、民粹主义势力在德法等国不断抬头，致使欧盟成员国内部互生嫌隙，欧洲一体化进退两难。其次，美俄战略博弈出现新态势。乌克兰危机久拖不决，欧洲安全矛盾进一步爆发，美俄两个域外大国在中东、东欧地区的博弈态势依旧紧张。最后，中美关系总体止跌企稳，但负面因素仍在上升积聚。美国针对中国的经贸科技打压措施层出不穷，在乌克兰危机中拱火浇油，却对中国甩锅推责。种种迹象表明，美国无意构建团结合作的伙伴关系，反而执着于制造意识形态对立，并动用一系列手段要挟打压其他国家，给推动建设新型国际关系、推动人类社会走向更深程度的融合与更广范围的合作带来了巨大挑战。

新一轮大国博弈中，西方不断加强对华意识形态攻势。随着经济实力和国际影响力的不断增强，中国已经进入大国博弈核心地带，中美关系随之成为决定大国博弈走向的关键。历史告诉我们，"美苏冷战首先表现为意识形态之争。一旦在意识形态领域发生冷战，就必然会延伸到其他更广泛的领域"①。新冠疫情暴发，中国特色社会主义的政治优势和制度优势凸显，西方的政治局限和制度弊端暴露无遗。美国认为"改变中国"的战略

---

① 郑永年. 中国的文明复兴 [M]. 北京：东方出版社，2018：73 - 74.

图谋已经失败，转而奉行以对抗和孤立为主基调的对华新战略，再度以意识形态划线，将中俄等国视为系统性对手，把中美战略博弈界定为"民主与专制的对决"，联合西方盟友强化对华围堵，故意把意识形态分歧扩展到经济贸易和军事战略领域，利用所谓"民主"旗号对华制造经济"脱钩"和技术封锁，致使中美关系陷入十分困难的境地。当前，西方采用种种手段加强意识形态攻势，严重威胁我国的意识形态安全。其一，抹黑攻击中国共产党和中国特色社会主义制度，公开挑拨中国共产党和中国人民的关系。一百多年来，中国共产党始终代表和坚定维护中国人民的根本利益，"党的百年奋斗从根本上改变了中国人民的前途命运"①。但个别国家罔顾这一基本历史事实，无视"中国人民对中国共产党领导下的中国政府满意度高达 93％"的结论②，反而打着"人权"的幌子煽风点火、挑拨离间。一段时间以来，美国及其盟友散布我国新疆"强迫少数民族种植采摘棉花"的谎言，炮制所谓"大规模强迫劳动""人权压迫"的谬论，并污蔑中国共产党是"国内的压迫者"，企图将中国人民和中国共产党对立起来，进而达到搞乱中国的目的。这实际上是对中国的政治战、舆论战、信息战，而不是一般的政治抹黑和舆论攻击，必须从更高角度、更深层次去看待和应对。其二，游离于合作抗疫、科学抗疫的主题之外，对新冠疫情进行政治化解读。疫情席卷全球之际，我国积极开展抗击新冠疫情国际合作，发起新中国成立以来最大规模的全球紧急人道主义行动，向众多国家特别是发展中国家提供物资援助、医疗支持、疫苗援助和合作，回应国际

---

① 中共中央关于党的百年奋斗重大成就和历史经验的决议［M］. 北京：人民出版社，2021：62.

② CUNNINGHAM E, SAICH T, TURIEL J. Understanding CCP resilience：surveying Chinese public opinion through time［EB/OL］. (2020 - 07 - 30)［2021 - 11 - 03］. https：//ash. harvard. edu/files/ash/files/final_policy_brief_7. 6. 2020. pdf.

社会关切，展现负责任大国形象。然而，个别国家非但没有选择"合作抗疫"的正确道路，反而在没有任何事实依据和相关领域专家论证的情况下甩锅推责，将新冠病毒称为"中国病毒""武汉病毒"，还大肆攻击中国国内的抗疫举措，将中国为全球合作抗疫所作的贡献污蔑为"口罩外交""疫苗外交"，让充斥着仇恨与对抗的"政治病毒"大行其道。其三，抹黑中国外交，污蔑中国输出意识形态和价值观念。十余年来，中国秉持"共商共建共享"原则推动"一带一路"倡议落地实施，推动构建人类命运共同体。截至 2023 年 8 月，中国已与 152 个国家和 32 个国际组织签署了 200 多份共建"一带一路"合作文件，相关合作理念和主张已写入联合国、二十国集团、亚太经合组织、上海合作组织等的重要成果文件，转化为国际共识，致力于为国际社会提供全球公共性产品。然而，拜登政府和部分政客选择性无视国际社会的普遍信任和支持，反以"债务陷阱""中国产能过剩论"的荒诞说辞抹黑中国外交，指责中国输出意识形态和"中国模式"。欧洲一些政客也攻击中国的"一带一路"带有地缘政治图谋，鼓吹应对中国的所谓"制度性挑战"。其四，蓄意制造意识形态对立，运用所谓"价值观外交"对我国进行意识形态围堵。民主是全人类的共同价值，各国有权从本国国情出发选择不同的实践形式，任何一个国家都不能垄断对"民主"的定义权和裁判权。实践证明，中国发展全过程人民民主，既有完整的制度程序，也有完整的参与实践，不仅行得通、走得好、真管用，还"提振了发展中国家发展民主的信心，为人类民主事业发展探索了新的路径"[①]。然而，美国单方面为"民主"确立标准，不仅无视其内部社

[①]　中国的民主［EB/OL］．http://www.gov.cn/zhengce/2021－12－04/content_5655823.htm，2021－12－04/2021－12－24.

会撕裂、缺乏共识的民主困局，还策动"民主峰会"划分阵营，逼迫各国站队，大肆渲染中国、俄罗斯等国是民主世界的"破坏者"，借着民主的旗号打击"异己"，试图以意识形态冷战、配套制裁措施围堵和遏制中国。

◀◀◀ 第二节 ▶▶▶

世界经济格局深刻演变中意识形态冲突多发加剧

察势者明，趋势者智。2017 年，习近平总书记从增长动能、全球发展方式、经济全球化进程和全球经济治理体系等四个方面的深刻转变概括了世界经济的发展趋势[①]。顺应世界经济格局调整演变趋势，推动经济全球化朝着更加开放、包容、普惠、平衡、共赢的方向发展，是国际社会携手应对风险挑战的明智之举。然而，在新冠疫情冲击之下，"保护主义、单边主义上升，世界经济低迷，全球产业链供应链因非经济因素而面临冲击，国际经济、科技、文化、安全、政治等格局都在发生深刻调整，世界进入动荡变革期"[②]。政治是经济的集中表现。世界经济低迷，各方贸易争

---

① 习近平. 抓住世界经济转型机遇 谋求亚太更大发展：在亚太经合组织工商领导人峰会上的主旨演讲 [N]. 人民日报，2017 - 11 - 11.

② 习近平. 正确认识和把握中长期经济社会发展重大问题 [J]. 求是，2021 (2).

端频发，我国在国际社会中的意识形态话语权和影响力提升遭遇困局。

一、单边主义不断抬头挤压中国发展空间

单边主义是指一国仅按照自身意愿而最低限度地与他国合作的外交理念及行为。奉行单边主义的国家往往不惜践踏和牺牲他国主权及核心利益，甚至蔑视国际组织、违反国际行为规则、破坏多边国际机制以谋求自身利益的实现。进入 21 世纪以来，经济全球化进程不断深入，新兴国家和广大发展中国家逐渐成为全球化进程和国际贸易收支结构的重要受益者。相反，随着世界力量对比和国际权力分配趋势的不断变化、多边贸易机制（如 WTO）约束力的不断提升，传统西方大国在多边国际机制中的绝对主导地位不再，在国际分配格局中享受到的回报与红利也相对有限。因此，趋向于低成本、高收益的单边主义外交方式，成为部分国家的政策选择。单边主义在经济领域频频抬头，使全球范围内经济争端频发，仅美国就多次单方面挑起对华贸易摩擦，消极抵制多边国际机制，这极大地挤压和遏制了我国的发展空间和意识形态国际话语权。

国际社会中的单边主义行径不断挤压中国的话语空间和影响力。其一，美国利用其在高新技术领域的优势地位，蓄意对中国进行经济压制、科技打压。2018 年以来，美国政府以扭转对华贸易逆差和"重塑双方公平互惠经贸关系"的名义对中国进行经济制裁和打压，手段包括但不限于单边发起对华"301 调查"、抛出加征关税清单、精准打击中国高端制造业等。为谋求自身利益，美国又多次出尔反尔，反复背弃中美经贸磋商约定。2019 年 5 月起，美国商务部以"威胁美国国家安全"为由，将华为及70 多家关联企业列入实体清单，先后针对华为展开三轮制裁，禁止全球供应商在未取得特别许可的情形下向华为提供任何使用美国技术制造的芯

片。2021 年拜登就任美国总统后，又企图在安全、科技和治理等多个不同领域打造针对性的反华联盟，意图通过联盟形式共同制定全球科技发展与治理的新规则与标准，最终达到抗衡中国科技影响力的目的。事实上，美国政府及其盟友真正针对的并不是对华贸易逆差，而是企图通过对正常合理的高技术产品贸易的人为设限和出口管制，遏制中国在高新技术领域的崛起，进而消除美国领导地位面临的威胁。其二，美国消极抵制既有的多边国际机制，以单边主义行动破坏国际经贸体制的自我更新与完善，试图迫使多边经贸规则朝向其设想的方向改变。自 2017 年以来，美国先后宣布退出跨太平洋伙伴关系协定（TPP）、《巴黎协定》（2021 年，美国宣布重新加入）、联合国教科文组织、世界卫生组织（2021 年，美国宣布重新加入）等 10 个国际条约和国际组织，并在国际社会频频鼓吹"中国威胁论""中国责任论"，在甩锅和污名化中国的同时满足自身的战略需求，保障其国家利益。种种现象表明，美国不是简单地"退群"，而是以此来逃避其国际责任，增加其进行谈判的筹码。拜登政府上台后，虽然大肆渲染回归多边主义，但没有改变拉拢盟友打压遏制中国的战略图谋，没有摆脱维护美国全球霸权的政策本质，实质上是以多边主义之名行单边主义之实。合而观之，美国的单边主义行径不断升温，对华意识形态围堵升级，极大地挤压和遏制了我国在国际社会中的话语空间和影响力。

马克思主义认为，国家意识形态在本质上是统治阶级的思想，并以竭力维护统治阶级利益为本质特征。只不过，统治阶级通过"赋予自己的思想以普遍性的形式，把它们描绘成唯一合乎理性的、有普遍意义的思想"[①]，这就使人们在潜移默化中自觉接受并将其视作天然正当。从这一观点出发，美国

---

① 马克思恩格斯选集：第 1 卷 [M]. 北京：人民出版社，2012：180.

政府代言人在国际社会污名化中国的行为和言论，实际上是应用意识形态手段为其特殊阶级利益服务的现实表现。当前，美国联合西方盟友蓄意挑起意识形态对立，对中国进行意识形态方面的围追堵截。相比之下，我国对此澄清回应的效果并不尽如人意，究其缘由，我国在综合国力上与发达国家仍存在不小差距，中国特色对外话语体系和国际传播能力建设任重而道远。

二、保护主义再度蔓延诱发抹黑中国行径

保护主义是指一国以关税制度或非关税措施为对外政策工具，在国际经济交往领域通过一系列手段将其他国家排斥在本国市场和贸易、投资自由化行列之外，以维护本国经济利益的不公平竞争行为。近些年来，伴随着新兴国家和发展中国家的群体性崛起，叠加新冠疫情的巨大冲击，"逆全球化"思潮和贸易保护主义在部分西方国家不断兴起。但在经济全球化深度运行之下，世界各国早已形成一个你中有我、我中有你的利益共同体，经济全球化持续发展的大势不可逆转。保护主义行径与经济全球化背道而驰，且对世界经济发展危害巨大。当前，美国的保护主义行为大幅增加，降低了世界贸易和投资的自由化、便利化水平，破坏了全球供应链、产业链和国际竞争的平衡。更重要的是，其他相关国家为应对这一危机而采取的政策反弹和抵制行为，也会导致贸易争端频发升级、国际贸易投资环境急剧恶化，进而冲击整个国际经济秩序的稳定性。长此以往，美国保护主义政策产生的"蝴蝶效应"便成为挫伤世界经济发展的利器，各方走向双输的结局将难以避免。

部分西方大国动用保护主义手段遏制中国的发展步伐。近些年来，美国动辄挥舞关税大棒，并辅之以"社会主义市场经济非市场经济论""国

家资本主义论"等意识形态攻击手段,不断打压中国,抹黑中国经济社会发展成就。2017年,美国商务部公布其在铝箔反倾销调查中获得的"中国市场经济地位"问题调查结论——中国属于"非市场经济国家"。而根据世界贸易组织规定,不认可中国市场经济地位的国家可对涉嫌违反贸易规则的中国产品征收更大幅度的关税。紧接着,美国贸易代表办公室于2018年向美国国会递交2017年度《中国履行加入世贸组织承诺情况报告》,声称中国并未成功转型为市场经济体,因此美国同意中国加入世界贸易组织是错误之举。以此为依据,特朗普政府认为中美之间的贸易是"不公平的",指责中国实行"国家资本主义",并由此掀起中美贸易摩擦。这代表着,"社会主义市场经济非市场经济论""国家资本主义论"成为美国对华征收高额关税、实行贸易保护主义行为的程序合法性依据。反过来,美国的对华贸易霸凌进一步强化了对华意识形态攻击的效果。如此一来,美国对华意识形态攻击、对华征收高额关税等行为环环相扣,不断诱导中国掉进"社会主义市场经济非市场经济论""国家资本主义论"的话语陷阱,以进一步否定中国发展成就,遏制中国发展步伐。

马克思、恩格斯对贸易保护主义的典型表现——资本主义"保护关税制度"——进行了多次论述和批判,并指出了其历史局限性:"保护关税在竞争中只是治标的办法,是贸易自由范围内的防卫手段"①。即只有基于市场的充分竞争,才是真正的贸易自由。恩格斯也指出:"至于工业家,他们受益于广泛实行的保护关税制度,这一制度在大多数场合甚至无异于完全排除了外国的竞争"②。这就明确阐述了保护关税制度排斥外来竞争,

---

① 马克思恩格斯选集:第1卷 [M]. 北京:人民出版社,2012:194.
② 同①590.

使资本主义国家或地区形成垄断的保护主义本质。100 多年后的今天，美国的保护主义仍然没有走出马克思、恩格斯所处时代的"保护关税制度"的历史窠臼。习近平曾形象地指出："搞保护主义如同把自己关进黑屋子，看似躲过了风吹雨打，但也隔绝了阳光和空气。打贸易战的结果只能是两败俱伤。"① 短期来看，美国对中国及相关国家单方面启动贸易调查、征收高额关税、提高投资门槛的做法，似乎一定程度上实现了保持其在世界经济格局中主导地位的利益诉求。但计之长远，美国的贸易保护主义行径对于自身和世界经济发展来说有百害而无一利。针对美国对华的贸易霸凌及其意识形态攻击，我们应尽快摆脱关于"社会主义市场经济是不是市场经济"的语词之争，而要从"高水平社会主义市场经济体制是中国式现代化的重要保障"② 的战略高度出发，进一步把握和理解社会主义市场经济，从而更好地避免西方话语陷阱。

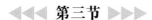

第三节

国际安全形势错综复杂考验意识形态凝聚力

党的二十大报告强调，推进国家安全体系和能力现代化建设，需要统

---

① 习近平谈治国理政：第 2 卷 [M]. 北京：外文出版社，2017：481.

② 中共中央关于进一步全面深化改革 推进中国式现代化的决定 [M]. 北京：人民出版社，2024：6.

筹"传统安全和非传统安全"①。这就是说，既要及时应对强权政治、局部
战争、军事威胁等传统安全难题，又要敢于破除恐怖主义、网络安全、重
大传染性疾病、气候变化等非传统安全威胁。当前，"世界之变、时代之
变、历史之变正以前所未有的方式展开，给人类提出了必须严肃对待的挑
战。人类还未走出世纪疫情阴霾，又面临新的传统安全风险"②。为促进世
界安危与共，习近平主席在博鳌亚洲论坛 2022 年年会开幕式上明确提出
全球安全倡议，主张各国共同维护世界和平安宁。全球安全倡议既为推动
全球安全治理体系朝着更加公平、更加合理、更加有效的方向发展提供了
指引，更对世界各国内部的国家安全战略提出新任务。意识形态安全是国
家安全的重要组成部分。世界范围内传统安全与非传统安全问题相互交
织，对于我国的意识形态建设及其凝聚力构成了时代性考验。

一、传统安全难题对我国意识形态安全构成潜在威胁

世界发展日新月异，国际形势瞬息万变。"当今世界，安全的内涵和外
延更加丰富，时空领域更加宽广，各种因素更加错综复杂。"③ 但与战争、
军事、霸权主义、强权政治相关的传统安全难题仍然存在。当前，强权政
治、局部战争、军事威胁等传统安全威胁长期存在，部分大国为维持其世
界霸主地位，粗暴干涉他国内政，策动颠覆他国政权，动辄便以军事力量
抢占世界战略要冲，成为世界不得安宁的主要根源。

---

① 习近平. 高举中国特色社会主义伟大旗帜 为全面建设社会主义现代化国家而团结奋斗：在中
国共产党第二十次全国代表大会上的报告 [M]. 北京：人民出版社，2022：52.
② 习近平. 携手迎接挑战，合作开创未来：在博鳌亚洲论坛 2022 年年会开幕式上的主旨演讲
[N]. 人民日报，2022 - 04 - 22.
③ 习近平. 迈向命运共同体 开创亚洲新未来：在博鳌亚洲论坛 2015 年年会上的主旨演讲 [N].
人民日报，2015 - 03 - 29.

来自外部各方的传统安全隐患威胁我国的意识形态安全。一是霸权主义和强权政治仍未退场。2019 年以来，美国多次污蔑抹黑中国，歪曲中国在去极端化和打击恐怖主义方面的努力。美国国会众议院先后通过所谓"2019 年维吾尔人权政策法案""2019 年台北法案""香港人民自由与选择法案""2020 年西藏政策及支持法案""维吾尔强迫劳动预防法案"，在涉台、涉港、涉疆和涉藏问题上横加指责、指手画脚，打着"人权"的旗号粗暴干涉中国内政，煽动民族分裂和动乱。拜登政府上台以来，美国国内反华喧嚣有增无减，仅本届国会就出台了 300 多项反华议案，毫无底线地诋毁、抹黑中国发展道路和内外政策，并伺机在中国策动"颜色革命"，妄图在中国实现"政权更迭"。二是多元复杂的军事威胁依旧存在。美国持续增强针对中国的军力部署，联合日本、澳大利亚等国强化对华慑压，加紧利用台湾和南海问题强化对华军事围堵，积极准备与中国打一场高端战争，中国面临的战略压力和军事风险不断增大。可见，从强权政治到军事威胁，国外反华势力无所不用其极，企图从思想上搞乱中国，用武力制约中国。正是在这个意义上，习近平强调："首先要打好价值观念之争这场硬仗。"① 确保马克思主义的指导地位不会旁落。维护我国意识形态安全，就是要避免意识形态领域成为安全风险洼地，导致外部风险大量涌入，进而影响国家总体安全。

二、非传统安全难题涌现考验我国意识形态凝聚力

与传统安全相对应，非传统安全指冷战后期特别是冷战结束后出现的

---

① 习近平关于社会主义文化建设论述摘编［M］. 北京：中央文献出版社，2017：105.

新型安全领域，主要包括经济安全、科技安全、社会安全、网络安全、生态安全、资源安全、核安全、生物安全等新型安全领域，具有全球性、公共性的重要特征。以 2020 年新冠疫情为典型代表，非传统安全威胁正在成为当今世界的主要挑战，需要各个国家作出有力回应。习近平曾强调："要统筹发展和安全，善于预见和预判各种风险挑战，做好应对各种'黑天鹅'、'灰犀牛'事件的预案，不断增强发展的安全性。"① 各种非传统安全难题不断涌现，既要求我国提升对各种风险挑战的预判能力，也持续考验我国意识形态的凝聚力和引领力。

来自外部各方的非传统安全威胁持续蔓延考验我国意识形态凝聚力。当前，"恐怖主义、难民危机、重大传染性疾病、气候变化等非传统安全威胁持续蔓延"②。因此，如何完善意识形态工作责任制，牢牢掌握意识形态斗争主动权，正确引导社会舆论，将全体人民的力量汇聚在战胜风险挑战、创造美好生活的方向上，成为化解非传统安全难题过程中面临的重要考验。习近平曾明确指出："我们必须把人民对美好生活的向往作为我们的奋斗目标，既解决实际问题又解决思想问题，更好强信心、聚民心、暖人心、筑同心。""我们必须坚持以立为本、立破并举，不断增强社会主义意识形态的凝聚力和引领力。"③ 一方面，必须直面国际社会中暗潮汹涌的意识形态斗争，反击对中国的攻击抹黑。例如，以科学性、真实性为原则，围绕全球合作抗疫等重大议题，主动回应和驳斥"中国病毒""口罩

---

① 习近平在中共中央政治局第二十七次集体学习时强调 完整准确全面贯彻新发展理念 确保"十四五"时期我国发展开好局起好步 [N]. 人民日报，2021-01-30.

② 习近平. 共同构建人类命运共同体 [J]. 求是，2021 (1).

③ 习近平. 举旗帜聚民心育新人兴文化展形象 更好完成新形势下宣传思想工作使命任务 [N]. 人民日报，2018-08-23.

外交"" "中国责任"等各种谬论，探索国家议题及其话语体系的设置和开掘，澄清和介绍中国在解决全球性问题中的天下情怀与大国担当。另一方面，不断增强社会主义意识形态的理论性、创新性，提升其大众化水平，营造和确立积极向上的思想氛围。用科学的理论、正确的舆论和高尚的精神凝聚人民共识，鼓舞人民士气，振奋人民精神，汇聚起全面建设社会主义现代化国家的磅礴伟力。"意识形态工作是为国家立心、为民族立魂的工作"①，面对新征程中各种非传统安全挑战，不断增强社会主义意识形态的凝聚力和引领力，是我们必须直面和通过的重大考验。

◀◀◀ 第四节 ▶▶▶

不同思想文化相互激荡中意识形态安全风险频发

进入 20 世纪后半叶以来，社会生产力和生产方式不断变革，国际分工日益细化，发达国家和发展中国家共同成为全球产业链、供应链、价值链形成运行的主体力量，世界各国已然结成一个利益共同体。在这种密切的经济交往之中，世界不同文明交流融合的势头进一步加强，不同思想文化碰撞激荡的程度也进一步加深。信息技术飞速发展，极大地拓展了思想

---

① 中共中央关于党的百年奋斗重大成就和历史经验的决议 [M]. 北京：人民出版社，2021：44.

文化传播交流和相互激荡的渠道载体，强化了人们思想活动的独立性、选择性、多变性和差异性。但在不同思想文化相互激荡中，部分西方国家凭借其在历史发展中形成的优势地位，鼓吹"西方文明优越论"，大肆推广其社会制度和价值观念，企图以"普世价值"为意识形态渗透的先锋，侵蚀别国民族文化根基，加剧了国际社会中的民族、宗教矛盾和意识形态冲突，我国的意识形态安全面临诸多风险点和危机源。

一、"西方文明优越论"冲击中国特色社会主义"四个自信"

"西方文明优越论"是对世界文明秩序的曲解与误判。历史上，欧洲的启蒙运动、工业革命和资产阶级革命率先催生出资本主义生产方式，开启了现代文明的进程并奠定了现代文明的物质基础。资本主义生产方式在全球取得统治地位的过程中，资本主义制度和资本主义价值观也逐步在全球确立强势地位，由此，人们把"文明"与欧洲文明、资本主义文明自然而然地等同起来。那么，欧洲为什么能够诞生"最先进"的文明呢？有人认为，文明的先进程度取决于种族的优越性，白种人的优等性决定了其创造的思想文化和社会制度的优越性。这种由种族优越论、制度优越论和文化优越论等构成的关于世界文明秩序的观点，即"西方文明优越论"。长期以来，这一论调的拥趸者拒绝承认西方文明所谓的"优越性"是资本主义生产方式阶段性统治地位衍生出的意识形态附属物，否定西方文明的历史暂时性和空间适应性，而是从一种线性的历史思维出发，假定西方文明是人类文明线的终极最优文明，认为人类社会演化到西方（资本主义）文明便已经走向终点，不会再有新的创造与发展。几百年来，"西方文明优越论"借由资本扩张的物质力量不断向外传播和渗透，并逐步转变为具有鲜明政治意义的资本主义意识形态，为"历史终结论""文明冲突论"提供了直接的"理论依据"。如美国学者福山认为，苏联解体以来的历史雄辩地证明了，人类社会将按照西方"现代文明"的标准在文明历史轴线上走到终点，这"也许是'人类意识形态演化的终点'和'人类政体的最后形式'，并因此构成'历史的终结'"①。"西方文明优越论"否定非西方文明的平等地位及存在价值，侵蚀了其他国家和民族的文明根基。

"西方文明优越论"威胁我国的意识形态安全。进入 21 世纪，伴随着新兴国家和发展中国家的整体性崛起，"西方文明优越论""历史终结论"不断被经验性事实所证伪，资本主义意识形态高歌猛进的势头不再。但"西方文明优越论"仍是西方人文社会科学的主流，许多人深受这一观点的影响，不断攻讦中国特色社会主义道路、理论、制度和文化的历史必然性和现实合理性，使我国的意识形态安全遭受威胁。其一，"西方文明优越论"夸大了以资本对外扩张为基础的西方现代化模式的适用性，否定中国共产党和中国人民在坚持和发展中国特色社会主义基础上开辟出的中国式现代化道路。其二，"西方文明优越论"垄断了对于中国实践、中国理论的阐释权，认为凡是符合西方理论标准的才是先进的，反之则是落后的，否定和贬斥中国特色社会主义理论的原创性和科学性。其三，"西方文明优越论"拒绝接受资本主义制度的历史暂时性，一味仇视区别于西方的中国特色社会主义制度，并屡屡采用"西化""分化"策略，企图将中国纳入西方的制度轨道上来。其四，"西方文明优越论"贬低中华文化等非西方文化对人类社会发展的历史贡献与普遍价值，选择性忽视了西方文化在发

---

① 福山．历史的终结与最后的人［M］．陈高华，译．桂林：广西师范大学出版社，2014：9．

展过程中对其他文化的借鉴与吸纳,力图塑造出一个以古希腊为源头的纯粹的西方文化发展脉络。长期以来,在"西方文明优越论"的多重攻势下,许多中国人难以树立中国特色社会主义道路自信、理论自信、制度自信和文化自信。但随着世界历史的推进,"西方文明优越论"面临的经验和理论挑战不断增多,其强大的话语统治力在人类社会发展潮流面前不断失色。正如习近平所指出的:"尽管文明冲突、文明优越等论调不时沉渣泛起,但文明多样性是人类进步的不竭动力,不同文明交流互鉴是各国人民共同愿望。"①

二、"普世价值"充当西方意识形态和思想文化渗透先锋

"普世价值"是美国等西方国家谋求全球文化霸权的意识形态工具。人类社会发展的过程中,留下了"大同社会""世外桃源""乌托邦""共产主义社会"等各种美好的社会理想。它们记录了不同时代、不同地域的人对于美好生活的期待与追求,其中就包含被大家所认可且约定俗成的价值追求,如"健康""平等""和平""自由"等,但任何一种价值观都是历史和实践的产物,其具体内涵会随着历史的推进和地域的转移而不断变化。换言之,并不存在一种普遍适用于所有人并贯穿人类社会发展始终的价值观。但长期以来,西方部分政治人物和学者否定价值观的历史性和实践性,无限夸大资本主义文化和价值观的时空适应性,建构起以"民主、自由、人权"等为核心的"普世价值",并声称其普遍适用于全人类。美国政府更是把"普世价值"作为其谋求全球文化霸权的意识形态工具,冷战后进行了一系列"输出民主",重塑改造其他国家的计划倡议,企图以

---

① 习近平在上海合作组织成员国元首理事会第十八次会议上的讲话 [N]. 人民日报,2018-06-11.

资产阶级价值观同化、取代其他民族和国家的价值观，使其走上一条与西方国家同样的政治发展道路。可以说，"普世价值"思潮充当了西方意识形态和思想文化渗透的先锋，而他们倡导的"软实力"和"巧实力"实质上是对意识形态主导权的巧妙伪装。

"普世价值"观威胁我国的意识形态安全。对于中国而言，"普世价值"思潮通过各种渠道渗透、扩散，无形中影响了人们的思维模式和价值观念，荼毒之深远超想象，甚至党内有的同志和部分学者也对西方价值观深信不疑，政治信仰出现严重危机，"认为西方'普世价值'经过了几百年，为什么不能认同？西方一些政治话语为什么不能借用？接受了我们也不会有什么大的损失，为什么非要拧着来？"[①] 有的以西方"普世价值"为标准，剪裁和反思中国特色社会主义实践，放弃了马克思主义在意识形态领域的指导地位。针对这一错误认知的现实危害，习近平旗帜鲜明地指出："国内外各种敌对势力，总是企图让我们党改旗易帜、改名换姓，其要害就是企图让我们丢掉对马克思主义的信仰，丢掉对社会主义、共产主义的信念。"[②] 除此之外，"普世价值"思潮的消极影响甚至波及全球。以2020年在全球暴发的新冠疫情为例，"普世价值"极大地阻碍全球合作抗疫进程，其"非普世性"暴露无遗。第一，面对来势汹汹的疫情，西方国家宣扬的"平等"荡然无存。欧盟未在第一时间向意大利等欧盟成员国提供抗疫援助；美国政府首选明哲保身，却私自扣押、拦截他国抗疫物资，且在病毒溯源问题上毫无依据地攻击抹黑中国。第二，"自由"始终是以西方国家为主体的自由。西方国家以"言论自由"为依据，容忍放纵部分

---

①② 习近平. 在全国党校工作会议上的讲话 [M]. 北京：人民出版社，2016：8.

新闻媒体和公众人物诋毁中国的不实言论，却始终没有尊重中国人民和中国媒体的言论自由，美国政府甚至对中国媒体驻美机构实行人员数量限制并命令中国媒体工作者限期离境。第三，"人权"成为西方国家污名化中国抗疫的意识形态工具。为了全力遏制疫情的扩散，中国政府本着"人的生命权是最基本的人权"的理念，在紧急状态下克减自由权、经济权等其他权利以满足生命健康权的优先性诉求，果断采取封城措施，最大程度保证了人民群众的生命健康，为世界各国争取到了抗击疫情的宝贵"窗口期"。但由于"普世价值"主导下对疫情的错误解读，一些国家放松警惕、隔岸观火，错过了抗击疫情的最佳时期，没有采取有力的抗疫措施，导致新冠疫情肆虐全球。新冠疫情暴发后，我国率先控制疫情，率先实现复苏，彰显强大政治优势和制度优势，"中国之治"与"西方之乱"形成鲜明对比，美国等西方国家战略焦虑和制度恐慌加剧。它们为转移抗疫不力的缺陷，还把"民主"当作对中国进行抹黑、施压的"遮羞布"，操弄意识形态对抗，举办"全球民主峰会"，制造"新冷战"喧嚣。美国等西方国家利用所谓"普世价值"对其他国家进行意识形态渗透和夸大阵营对立，本质上是霸权霸道霸凌政策的体现，核心仍服务于其地缘战略利益。

随着全球化的不断推进，在世界各国不断深入的国际交往中，不同思想文化相互接触、交融，同时也相互激荡。世界范围内各国各民族文化的交往总体上处于积极向好的状态，但是，以美国为核心的西方社会依然秉持文化霸权主义，强调"西方文明优越论"，强调"普世价值"论。这些错误的论调，反映出西方资本主义国家仍在试图继续掌控世界范围内文化和意识形态的主导话语权，仍然崇尚文明冲突论和文化霸权思维。西方社会的这些错误的文化思维，并不会因为全球化的深化而改正，相反，新征程中，随着我国综合国力的进一步提升，西方社会的忌惮只会加深，西方社会针对我国的"文化冷战"和意识形态之争只会加剧。为此，我们需要警惕新征程中"西方文明优越论"、"普世价值"论等文化霸权思想的新的表现形式和新的话语形式，从理论上加以深刻辨析和深入批驳。

◀◀◀ 第五节 ▶▶▶

顺应发展大势提升我国意识形态国际话语权

大变局带来大挑战，也带来大机遇。我们必须因势而谋、应势而动、顺势而为。站在全面建设社会主义现代化国家的新征程起点上，准确把握外部环境的基本特征，剖析发展过程中的机遇、挑战，树立以备不虞的使命自觉，不仅是维护我国意识形态安全、实现中华民族伟大复兴的必然要求，也是维护世界持久和平、推动人类历史向着光明目标前进的必然要求。今后一段时期内，如何在大变局中维护和塑造意识形态安全？习近平明确指出："塑造是更高层次更具前瞻性的维护，要发挥负责任大国作用，同世界各国一道，推动构建人类命运共同体"①。这就意味着，必须一手抓

———————

① 习近平谈治国理政：第 3 卷［M］. 北京：外文出版社，2020：218.

当前、一手谋长远，既要抵制和批驳国际社会中的各种错误思想舆论，更要顺应时代发展大势，高举和平、发展、合作、共赢的旗帜，同世界上一切进步力量携手同行，在推动构建人类命运共同体中提升我国意识形态国际话语权，为我国的社会主义现代化建设创造有利的外部环境。

一、在世界多极化加速推进大势中倡导和坚持多边主义

冷战思维与零和博弈妨碍世界和平发展进程，多边主义是促进国家间协调合作、维护世界持久和平的良方。习近平明确指出："现行国际体系和国际秩序的核心理念是多边主义。多边主义践行得好一点，人类面临的共同问题就会解决得好一点。"① 在国际舞台上，中国顺应世界多极化加速推进大势，同广大发展中国家和进步力量携手同行，始终以实际行动倡导和坚持多边主义，不断推动国际秩序和国际体系朝着更加公正合理的方向发展。

人类共处一个地球，共同面临诸多发展性难题。自然而然地，国际上的事应该一起商量着办；国际规则应该由世界各国共同认可，而不能由少数国家拍板和制定。秉持这一基本理念，中国坚决维护以联合国为核心的国际体系、以国际法为基础的国际秩序、以联合国宪章宗旨和原则为基础的国际关系基本准则，维护和践行真正的多边主义。一是坚持反对以多边主义之名行单边主义之实的各种行为，反对霸权主义和强权政治。长期以来，部分西方大国自视为国际秩序和全球治理体系的主导者，唯我独尊，自我优先，将已有的国际治理机制作为谋求势力范围和独特影响的平台。

---

① 习近平．加强政党合作 共谋人民幸福：在中国共产党与世界政党领导人峰会上的主旨讲话[N]．人民日报，2021－07－07．

对此，我国坚决反对并郑重承诺，中国永远不称霸、不搞扩张、不谋求势力范围。二是以中国式现代化为人类实现现代化提供新的选择。习近平明确指出："我们坚持和发展中国特色社会主义，推动物质文明、政治文明、精神文明、社会文明、生态文明协调发展，创造了中国式现代化新道路，创造了人类文明新形态。"①中国开创的社会主义现代化新道路突破了西方化的一元现代化发展路径，展示了实现现代化的全新可能，为广大发展中国家的现代化进程提供了有益借鉴。三是不断推动完善全球治理体系，为人类社会携手应对共同挑战作出新贡献。习近平指出："践行多边主义，不能坐而论道，而要起而行之，不能只开药方，不见疗效。"②中国创造性地提出人类命运共同体理念，持续推动共建"一带一路"高质量发展，发起创设亚洲基础设施投资银行、金砖国家新开发银行等新型多边金融机制，增加国际公共产品供给，使"共商、共建、共享"的全球治理观落地生根、深入人心。

二、在经济全球化持续发展大势中构建开放型世界经济

世界范围内单边主义、保护主义等逆流暗潮汹涌，给世界经济的复苏发展带来了巨大挑战，但经济全球化的历史潮流浩浩荡荡，不可遏止。着眼于经济全球化持续发展大势，中国始终致力于推动构建开放型世界经济，更面向世界各国提出全球发展倡议。习近平指出："要坚定维护以规则为基础、透明、非歧视、开放、包容的多边贸易体制，支持世界贸易组织改革，增强其有效性和权威性，促进自由贸易，反对单边主义和保护主

---

① 习近平. 在庆祝中国共产党成立 100 周年大会上的讲话 [N]. 人民日报，2021 - 07 - 02.
② 习近平在联合国成立 75 周年纪念峰会上的讲话 [N]. 人民日报，2020 - 09 - 22.

义，维护公平竞争，保障发展中国家发展权益和空间。"① 这就为今后一段时间推动构建开放型世界经济提供了具体指南。

党的二十大报告指出，"必须完整、准确、全面贯彻新发展理念，坚持社会主义市场经济改革方向，坚持高水平对外开放，加快构建以国内大循环为主体、国内国际双循环相互促进的新发展格局"②，为新征程实现经济现代化目标、推动构建开放型世界经济锚定了航标。一是明确我国经济现代化的路径选择，不断增强我国经济的生存力、竞争力、发展力、持续力。构建新发展格局是在全球产业链供应链局部断裂的情况下获得生存与发展机会的长期性举措，也是实现经济现代化，把我国建设成为社会主义现代化强国的重大战略任务。二是促进经济全球化深入发展，推动构建开放型世界经济。在各国内顾倾向上升、逆全球化思潮蠢蠢欲动之时，我国主张将国内大循环与国际国内双循环相结合，为推动世界经济复苏与增长提供了一剂良方。习近平指出："构建新发展格局，实行高水平对外开放，必须具备强大的国内经济循环体系和稳固的基本盘，并以此形成对全球要素资源的强大吸引力、在激烈国际竞争中的强大竞争力、在全球资源配置中的强大推动力。"③ 新冠疫情冲击之下，单边主义、保护主义蔓延，但中国对外开放非但没有止步，反而实行更加积极主动的开放战略。我国推动贸易和投资自由化、便利化，构建面向全球的高标准自由贸易区网络，建设自由贸易试验区和海南自由贸易港，推动规则、规制、管理、标准等制

---

① 习近平在二十国集团领导人第十五次峰会第一阶段会议上的讲话 [N]. 人民日报，2020 - 11 - 22.

② 习近平. 高举中国特色社会主义伟大旗帜 为全面建设社会主义现代化国家而团结奋斗：在中国共产党第二十次全国代表大会上的报告 [M]. 北京：人民出版社，2020：28.

③ 习近平. 把握新发展阶段，贯彻新发展理念，构建新发展格局 [J]. 求是，2021 (9).

度型开放，形成更大范围、更宽领域、更深层次对外开放格局。对外开放进程中，中国对世界经济增长贡献率连续多年超过 30%，中国成为世界经济增长的重要引擎。中国推动构建开放型世界经济的信心和行动有目共睹，推动经济全球化深入发展的主张和声音越来越成为国际社会共识。

三、在国际环境总体稳定大势中维护世界和平与发展

尽管传统安全与非传统安全挑战不断涌现，国际形势的不稳定性、不确定性日益突出，但国际环境总体稳定的大势没有改变，安全稳定是人心所向。中国始终坚持维护国家安全与国际安全相结合，致力于与各国携手共建一个持久和平、普遍安全的世界。习近平明确指出，应坚持系统思维构建大安全格局，"坚持推进国际共同安全，高举合作、创新、法治、共赢的旗帜，推动树立共同、综合、合作、可持续的全球安全观，加强国际安全合作，完善全球安全治理体系，共同构建普遍安全的人类命运共同体"①。这就向世界各国发出了推进国际共同安全、维护世界和平与发展的中国强音。

"单者易折，众则难摧。"世界各国安全利益紧密相连。共建一个安全稳定的国际环境，符合世界各国的发展诉求，也是各方义不容辞的责任使命。习近平指出："安全利益你中有我、我中有你，必须摈弃唯我独尊、损人利己、以邻为壑等狭隘思维。各方应该坚定奉行双赢、多赢、共赢理念，在谋求自身安全时兼顾他国安全，努力走出一条互利共赢的安全之路。"② 面对此起彼伏的国际安全挑战，一是要积极承担大国责任，主动维

---

① 习近平在中央政治局第二十六次集体学习时强调 坚持系统思维构建大安全格局 为建设社会主义现代化国家提供坚强保障 [N]. 人民日报，2020 - 12 - 13.

② 习近平. 坚持合作创新法治共赢 携手开展全球安全治理：在国际刑警组织第八十六届全体大会开幕式上的主旨演讲 [N]. 人民日报，2017 - 09 - 27.

护世界安全。近年来，中国践行全球安全倡议的步伐铿锵有力，成为守护世界和平安宁的重要力量。比如，中国外交成功斡旋沙特伊朗和解、巴勒斯坦 14 个派别和解对话，赢得国际社会广泛赞誉。二是要始终践行正确的义利观，在安全和发展上给予不发达国家和地区支持。新冠疫情暴发后，中国不断推进全球合作抗疫，第一时间开展抗疫信息和医疗方案的全球共享，并充分考虑疫苗在发展中国家的可及性和可负担性，先后以派遣医疗队、疫苗援助的形式帮助广大发展中国家攻克疫情难关，用实际行动证明了义利兼顾才能义利兼得、义利平衡才能义利共赢，为世界和平与发展注入了一股强劲的动力。

四、在各种文明交流互鉴大势中弘扬全人类共同价值

"和实生物，同则不继。"人类文明的多样性成就了世界的灿烂和多彩，不同文明的交流互鉴是推动人类社会不断发展进步的重要动力。2023年，习近平在中国共产党与世界政党高层对话会上提出"全球文明倡议"，倡导世界各国"尊重世界文明多样性""弘扬全人类共同价值""重视文明传承和创新""加强国际人文交流合作"①。平等相待、互尊互信是国与国相处的基本准则，也是中国对待不同文明的鲜明态度。我国始终顺应人类社会发展规律，倡导和推进不同文明包容共存、交流互鉴。

各国的地理环境、风土人情和文化传统不尽相同，但这不是鼓吹"文明优越论""文明冲突论"的依据，反而是求同存异、凝聚共识的重要基础。一是要提倡用共同价值凝聚全球共识。不同文明间虽然存在诸多差

---

① 习近平. 携手同行现代化之路：在中国共产党与世界政党高层对话会上的主旨讲话［M］. 北京：人民出版社，2023：8.

异，但人们共同向往与追求和平、发展、公平、正义、民主、自由的全人类共同价值，因此，不同文明的交流互鉴具有深厚的现实基础。我们要弘扬全人类共同价值，促进各国人民相知相亲，尊重世界文明多样性，以文明交流超越文明隔阂，以文明互鉴超越文明冲突，以文明共存超越文明优越，为人类提供正确的精神指引和强大的精神力量。二是要明确共同价值不是"普世价值"，坚决反对将共同价值的内涵教条化、固定化。习近平明确指出："我们要本着对人类前途命运高度负责的态度，做全人类共同价值的倡导者，以宽广胸怀理解不同文明对价值内涵的认识，尊重不同国家人民对价值实现路径的探索，把全人类共同价值具体地、现实地体现到实现本国人民利益的实践中去。"[1] 共同价值不是西方所谓的"普世价值"。我们倡导的全人类共同价值，是以尊重不同文明对价值内涵的具体认识和实践探索为基础的。中国始终尊重和维护各国人民自主选择本国发展道路和制度模式的权利，并主张加强交流互鉴，以提升各国为人民谋幸福的能力和成效。

习近平指出："当今世界，百年未有之大变局正加速演进，我国正处在实现中华民族伟大复兴的关键时期，全面建成小康社会取得伟大历史性成就，脱贫攻坚战取得全面胜利，全面建设社会主义现代化国家新征程顺利开启，同时我们在前进道路上仍面临着许多难关和挑战。"[2] 战胜前进道路上的诸多风险，需要建设具有强大凝聚力和引领力的社会主义意识形

---

[1] 习近平. 加强政党合作 共谋人民幸福：在中国共产党与世界政党领导人峰会上的主旨讲话［N］. 人民日报，2021-07-07.

[2] 习近平在中央党校（国家行政学院）中青年干部培训班开班式上发表重要讲话强调 立志做党光荣传统和优良作风的忠实传人 在新时代新征程中奋勇争先建功立业［N］. 人民日报，2021-03-02.

态，必须应对世界多极化、经济全球化、思想多元化和社会信息化的现实挑战。这就要求，既要不断增强我国的综合国力，又需坚持马克思主义在意识形态领域的指导地位，坚定价值观自信；通过批驳国际国内的错误思想舆论、阐释中国特色社会主义的必然性与合理性，提升中国特色社会主义理论对中国问题的解释力、对错误思想的批判力、对普通民众的感召力，以实实在在的主张和行动增强我国意识形态的国际话语权。

第六章

网络强国建设中的意识形态安全问题

　　党的十八大以来，以习近平同志为核心的党中央针对意识形态领域许多方向性、战略性问题作出部署，"我国意识形态领域形势发生全局性、根本性转变，全党全国各族人民文化自信明显增强，全社会凝聚力和向心力极大提升，为新时代开创党和国家事业新局面提供了坚强思想保证和强大精神力量"①。随着全面建设社会主义现代化国家新征程的开启，我国意识形态领域面临一系列新情况、新问题、新挑战，其中最大的变量就是迅猛发展的互联网。当前，互联网已经深刻地融入了中国社会生活，对人们的生产和生活方式产生了系统性的影响。2014 年 4 月 15 日，习近平总书记在主持召开中央国家安全委员会第一次会议时首次提出要坚持总体国家安全观，走出一条中国特色国家安全道路。"没有网络安全就没有国家安全，没有信息化就没有现代化。"② 在全面建成社会主义现代化强国，以中国式现代化全面推进中华民族伟大复兴新征程上，要全面加强国家安全体系和能力，维护总体国家安全，必须高度重视网络安全问题。意识形态安全是总体国家安全的重要组成部分，应该纳入建设网络强国和维护国家安全的整体视野，为全面建成社会主义现代化强国、完善国家安全制度体系与安全治理体系提供强大助力。

---

　　①　中共中央关于党的百年奋斗重大成就和历史经验的决议 [M]. 北京：人民出版社，2021：46.

　　②　习近平关于总体国家安全观论述摘编 [M]. 北京：中央文献出版社，2018：166.

◀◀◀ 第一节 ▶▶▶

在网络强国建设过程中维护意识形态安全

网络是意识形态斗争的最前沿，维护网络意识形态安全的目标是将网络这个"最大变量"转变为工作中的"最大增量"。为了实现这个目标，我们不能仅从意识形态领域来谈网络时代的意识形态安全，还应当着眼于网络强国建设的整体目标，筹划维护意识形态安全的战略和策略。面向新时代新征程，习近平强调要深入贯彻党中央关于网络强国的重要思想，大力推动网信事业高质量发展①，指出："建设网络强国，要有自己的技术，有过硬的技术；要有丰富全面的信息服务，繁荣发展的网络文化；要有良好的信息基础设施，形成实力雄厚的信息经济；要有高素质的网络安全和信息化人才队伍；要积极开展双边、多边的互联网国际交流合作。建设网络强国的战略部署要与'两个一百年'奋斗目标同步推进，向着网络基础设施基本普及、自主创新能力显著增强、信息经济全面发展、网络安全保障有力的目标不断前进。"② 网络时代的意识形态安全和经济发展、技术创

---

① 习近平对网络安全和信息化工作作出重要指示强调 深入贯彻党中央关于网络强国的重要思想 大力推动网信事业高质量发展 蔡奇出席全国网络安全和信息化工作会议并讲话 丁薛祥出席会议［N］. 人民日报，2023－07－16.

② 习近平关于总体国家安全观论述摘编［M］. 北京：中央文献出版社，2018：166.

新、信息服务、网络文化、国际合作等方方面面的问题联系在一起，根本上是因为网信事业代表着新的生产力和新的发展方向，必将带来政治生活和意识形态领域的整体变动。

一、互联网代表新的生产力和发展方向

互联网从各个方面显示出它作为新的生产力代表对人类存在方式的影响力。互联网成为经济发展的新动能。无论是在资源配置、开辟新业态还是在扩大就业上，互联网都发挥了越来越大的作用。人类历史上曾经发生过几次重大的生产力变革，将互联网放置在这种变革历程中更能确定它的独特性。习近平指出："从社会发展史看，人类经历了农业革命、工业革命，正在经历信息革命。农业革命增强了人类生存能力，使人类从采食捕猎走向栽种畜养，从野蛮时代走向文明社会。工业革命拓展了人类体力，以机器取代了人力，以大规模工厂化生产取代了个体工场手工生产。而信息革命则增强了人类脑力，带来生产力又一次质的飞跃，对国际政治、经济、文化、社会、生态、军事等领域发展产生了深刻影响。"① 互联网平台调动起了社会资源，如基于平台企业的零工经济和大数据精准营销等，使得很多传统行业被重构，也引发各个行业从业人员的不适应。从经济全球化的视角出发，互联网技术和产业上的差距影响全球政治经济格局。各个国家围绕互联网相关技术展开了激烈的竞争，一些国家在互联网核心技术上对后发国家的限制，都显示出相关国家对网络前沿科技的重视。在从 1G 到 5G 的发展历程中，我国在互联网领域实现了从跟跑、并跑到部分领域领

---

① 习近平. 在网络安全和信息化工作座谈会上的讲话 [M]. 北京：人民出版社，2016：2 - 3.

先的转变。互联网也代表着人类社会进步的新方向。回顾历史，农业革命和工业革命的历史是人类征服自然的历史，随之而来的是严重的生态问题。信息革命则有可能实现更加高效和绿色的发展，因此成为我国践行新发展理念的重要依托。上述背景决定了我们根本无法回到前互联网时代，必须立足互联网技术不断进步、在生活中的普遍渗透等因素来思考意识形态安全问题。

随着互联网在中国社会发展中的作用逐步凸显，中国共产党领导人对互联网的认识也有一个逐步深化的过程，从最初主要关注互联网的经济贡献到关注互联网对人类生活的整体影响，并构建了互联网发展的整体战略和详细规划。近年来，我国深入推进"互联网＋"行动和国家大数据战略，全面实施《国家信息化发展战略纲要》、《中国制造 2025》、《促进大数据发展行动纲要》、《新一代人工智能发展规划》和"新基建"工程。党的二十大报告在谈到建设现代化产业体系时指出："坚持把发展经济的着力点放在实体经济上，推进新型工业化，加快建设制造强国、质量强国、航天强国、交通强国、网络强国、数字中国。"① 这表明互联网在国家未来的发展和人们的生活中将扮演越来越重要的角色：既要突出互联网在推动社会进步方面的作用，也要时刻注意技术普及过程中带来的安全问题。近年来，习近平多次召开网络安全和信息化工作会议，对互联网的革命意义以及国家发展互联网的基本方略作出了总体规划。从座谈会的主题可以看出，互联网作为一种生产力代表，核心在于信息化，信息的快速、广泛流动直接促成经济社会各方面的进化，但信息化与网络安全之间也存在着张力，即信息化程度越高，维护网络安全所需要的各方面成本也就越高；从

---

① 习近平. 高举中国特色社会主义伟大旗帜 为全面建设社会主义现代化国家而团结奋斗：在中国共产党第二十次全国代表大会上的报告 [M]. 北京：人民出版社，2022：30.

座谈会的内容结构来看，互联网涉及生产力、舆论生态、企业、人才等各个方面，各个方面存在相互影响的关系，只有建立网络综合治理体系才能从根本上应对其中某一方面出现的问题。党的十八大以来，习近平在多个场合强调做好网络意识形态工作的重要性，"网络已是当前意识形态斗争的最前沿。掌控网络意识形态主导权，就是守护国家的主权和政权"[①]，"根据形势发展需要，我看要把网上舆论工作作为宣传思想工作的重中之重来抓"[②]。这些重要论述不仅是对意识形态领域发展态势的判断，还应该放到习近平关于网络强国、网信事业代表新的生产力的总体论述中理解。

二、网络技术全面应用的意识形态效应

互联网作为经济发展的新动能，必然要求有与之相适应的上层建筑和意识形态，因而在生产力发展和现有的意识形态管理机制之间存在着一些张力。互联网要求劳动力、生产资料和信息等的快速流动。资本推动着"以时间消灭空间"的进程，不断地加速是信息流动的基本特征。互联网的各种产品，无论是直接与物质生产有关的，还是社交娱乐类产品，都以提升经济活力为主要目标，而信息的快速流动是必然的副产品，要求破除信息流动的各种限制。网络普及之前，大众媒体是舆论传播的重要渠道，媒体的种类也较为单一。网络传播平台则是由传统媒体和互联网企业共同参与建设，如微博、微信、知乎等都可以看作企业为主构建的交流平台。网络传播的非线性、去中心化特征使得信息流动突破科层结构，传统的信息流通秩序被打破。网络传播技术的不断更新使得一些原本未受到广泛关注的平

---

① 习近平关于社会主义文化建设论述摘编［M］. 北京：中央文献出版社，2017：36.
② 同①29.

台成为舆论热点的发源地，如直播平台、短视频平台、社交问答平台等。而国家为了突出互联网的经济增长贡献，也会根据形势调整对互联网的管理方式。在互联网企业发展早期，互联网对经济增长、生活便利等方面的贡献逐渐显现，互联网管理的规则尚未建立，网络安全风险也尚未凸显出来，对互联网发展的各方面限制会稍微宽松一些；在这一时期，网络用户规模也呈指数级增长。而在网络平台已经越来越具备媒体属性和政治效应时，则需要加强对媒体的管理。秩序和活力之间的平衡一直是比较难以处理的问题。

从信息技术革命的历史来看，每一轮的信息技术革命都会对政治生活产生革命性的影响，意识形态斗争的形势也相应发生很大变化。掌握信息技术就是掌握表达权力和传播机会。回顾传播媒介的发展历史，在仅有羊皮卷和少量符号的年代，会写字的人拥有精神统治的权力；在印刷术和造纸术被发明后，结合资产阶级的兴起，才有了马丁·路德的宗教改革运动；潘恩的小册子《常识》在美国独立战争中发挥了重要的舆论动员作用。这些都得益于传播技术的改进。在这个过程中，由于参与信息生产和传播活动的门槛不断降低，信息量和流通速度也呈指数级增长。在1994年互联网传入中国之后，从最初的科学研究专用线路到有线连接的商业互联网，再到今天的移动互联网和物联网，"每个人都有麦克风"虽然有些夸张，却形象地描述了信息技术普及的趋势。在中国互联网发展的几十年当中，随着国家的投入和市场力量的推动，手机等上网设备的价格在不断降低，网络基础服务的提速降费也在不断推进，直播平台和各类社交媒体层出不穷，生产生活的信息化程度不断提高。当前，新一轮信息革命正在蓬勃兴起，特别是云计算、大数据、人工智能等前沿技术的创新发展，在更广范围推动着思想、文化、信息在网络空间的传播和共享。截至2023

年 12 月，中国网民规模达到 10.92 亿，互联网普及率达 77.5%①。网络已经成为网民获取资讯、发表意见、表达诉求的主要平台。网络的广泛应用深刻改变了媒体格局和舆论生态，不断改变着宣传思想文化工作的理念、手段和对象，给社会主义意识形态安全在主体参与、话语传播、媒体融合和网络文化等多个层面带来了冲击与挑战。"互联网日益成为意识形态斗争的主阵地、主战场、最前沿"②。面对网络意识形态斗争的复杂形势和严峻挑战，"在互联网这个战场上，我们能否顶得住、打得赢，直接关系我国意识形态安全和政权安全"③。为此，新征程中，我们要高度重视并积极研判网络意识形态安全问题，坚决打赢网络意识形态斗争主动仗，切实维护国家安全和社会稳定，为实现第二个百年奋斗目标，以中国式现代化全面推进中华民族伟大复兴提供强大精神力量和舆论支持。

◀◀◀ 第二节 ▶▶▶

信息化境遇下主流意识形态受到冲击挑战

当今时代，信息化为我国社会主义现代化建设带来新动力，也提出了

---

① 中国互联网络信息中心. 第 53 次《中国互联网络发展状况统计报告》[EB/OL]. (2024-03-22) [2024-03-22]. https://www.cnnic.net.cn/n4/2024/0322/c88-10964.html.

② 习近平新时代中国特色社会主义思想基本问题 [M]. 北京：人民出版社，中共中央党校出版社，2020：274.

③ 习近平关于总体国家安全观论述摘编 [M]. 北京：中央文献出版社，2018：103.

前所未有的新课题、新挑战。尤其是在意识形态领域，随着互联网的舆论属性和社会动员能力越来越强，各类风险挑战也不断被放大，境内外敌对势力一直将互联网作为渗透、破坏、颠覆、分裂的重点领域，网络日益成为意识形态斗争的主阵地、主战场、最前沿。习近平多次强调"掌控网络意识形态主导权，就是守护国家的主权和政权"①，深刻阐明了网络意识形态斗争的重要性、长期性、艰巨性。在此境遇下，网络主流意识形态的主导地位也面临着来自各方参与主体及其传播话语的冲击和挑战。

一、多元网络参与主体争夺主流意识形态阵地

在互联网空间，来自不同国家、民族、阶级和阶层的人都有可能成为网络参与主体，他们都有自己的文化背景和意识形态倾向。随着信息技术的升级和网民数量的激增，网络群体成分的复杂性明显增强，为各类负面舆论和错误社会思潮提供了争夺受众的可能。当前，网络参与主体的大众化趋势和网络虚拟社群的不断涌现，使得多样化意识形态在互联网空间相互影响、相互激荡，其中不乏错误思想观念，冲击主流意识形态话语权威，挤压主流意识形态传播空间，削弱主流意识形态话语认同，成为危及网络意识形态安全的重要"变量"。

网络参与主体大众化加剧网络意识形态多元化。现阶段网络信息传播主体中既有代表主流意识形态的党、政府相关部门和主流媒体，又有就"家事国事天下事"发表见解的处于不同社会阶层的个体网民，还有以部分自由撰稿人、网络媒体人和专家学者为代表的具有一定影响力的网络人

---

① 习近平总书记关于网络强国的重要思想概论［M］. 北京：人民出版社，2023：62.

物。近年来，我国互联网普及率不断提升，网络参与主体的大众化趋势日渐凸显；尤其是当今世界正经历百年未有之大变局，自然灾害、公共卫生事件、社会安全事件等重大突发事件时有发生，加剧网络成为非主流意识形态传播与放大的主渠道，用户的上网意愿、上网习惯加速形成。而在高度开放和信息快速流通的网络空间中，个体网民可以随时随地就自我关注的社会公共问题进行个性化解读，"低门槛"的传播主体和多元化的信息内容不断冲击稀释着主流思想舆论，也给了西方错误社会思潮和意识形态的渗透以可乘之机。不少个体网民在网络"去中心化"的传播格局下畅所欲言，发布一些与主流观点背道而驰的虚假信息和耸人听闻的言论。部分网络写手利用网络舆情触点多、燃点低、烈度强的态势，以短视频、短文为载体，捏造事件、歪曲事实，抢占发声先机；还有部分"网络大 V"为获得高点击率和跟帖数量，积攒网络人气，利用政治笑话、灰色段子、民间传言等带有特殊寓意的言论来推销其观点，煽动大众情绪，等等。部分网民警惕性不高，往往不加仔细分辨就进行点赞、转发、评论，这些错误社会思潮就会慢慢地蔓延至网络的各个角落，从而对公共舆论产生不良影响。因此，网络参与主体的大众化，虽然给了各阶层参与主体表达自我诉求的机会，但同时也导致了网络空间中各种意识形态、价值偏好的传播和渗透，在一定程度上给非马克思主义和反马克思主义思潮提供了孳生土壤，使得主流意识形态在引领社会思潮、整合价值观念时面临较大困难。

集聚性网络虚拟社群侵蚀着主流意识形态阵地。近年来，在微信、微博、贴吧、QQ、小红书等各大网络媒介上，有着共同兴趣爱好的网民通过对社会现实问题的讨论和交流，自发形成了具有导向性且相对独立的价值观念，集聚成了一批虚拟社群，这种现象在青少年群体中尤为明显。当前，形色各异的虚拟社群已然成为网络空间最主要、最庞大的参与主体之一，它们不断在网络空间创造新的思想和新的表达方式，尽管其主流仍然是拥护主流意识形态的，但受到"信息茧房"和"网络圈层"的影响，在部分社群中也存在不少非主流言论，侵蚀着主流意识形态的主导地位。这种侵蚀作用一般来自非官方的，即由普通网民组成的虚拟社群，这类虚拟社群大多处于相对闭塞的信息环境中，由于网络虚拟空间的去身份化和匿名性的特点，参与者更容易忽视现实空间道德和法律的约束，往往难以控制自己的情绪，表现出非理性的特征，甚至陷入"群体盲从"中无法自拔。他们有的将网络当作情绪宣泄的窗口，有的言论甚至是空穴来风、毫无根据。这些言论干扰着我国主流意识形态。而网民的消极情绪，往往还容易被国内外的不法分子所利用，这些不法分子有组织地挑拨或者发布消极言论来误导舆论导向，消解国家主流意识形态的主导作用，以实现经济、政治或其他方面的不良意图。此外，网络虚拟社群的参与主体在交流互动过程中也逐渐形成了一套特有的符号系统，即"网络语言"，其普遍具有便捷性、娱乐性、戏谑性等特点，其中也有一部分"网络热词"存在低俗化倾向，对于长期以来规范一致的国家主流意识形态宣传符号系统存在一定程度上的干扰。

二、网络话语权力悬殊弱化主流意识形态权威

当前，"包括新媒体从业人员和网络'意见领袖'在内的网络人士大量涌现。在这两个群体中，有些经营网络、是'搭台'的，有些网上发声、是'唱戏'的，往往能左右互联网的议题，能量不可小觑"①。在网络空间，囿于文化背景、知识结构和社会地位等因素的差异，不同网络行为

---

① 习近平关于社会主义政治建设论述摘编 [M]. 北京：中央文献出版社，2017：135.

主体的话语表达能力和影响力不是完全平等均衡的，反而呈现出一种不对称的话语权力关系，这不利于提升网络主流意识形态话语权，也使得一些错误社会思潮借此蔓延。

网络意识形态话语权力争夺冲击主流意识形态领导权威。在以印刷媒介以及广播电视传媒等为主导的"大众传播时代"，广大受众主要是作为信息接收者，他们对于信息生产与传播活动没有选择的权利。在整个传播过程中，受众始终处于被动地位。然而，在网络技术和信息技术普及的今天，各种新型传播技术和手段兴起，使得越来越多的用户获得了接收、传递甚至生产信息的能力，信息发布权由大众传媒管理者独占转变为不同网络主体之间的分享。随着大众传媒的兴起，各种思想和观念都可能在网络上流行，且传播速度之快、范围之广，使得主流意识形态主体在面对突发社会事件、错误社会思潮和负面舆论时难以完全主导和掌控信息传播的具体内容、路径和结果，难以确保高效高质地引导社会舆论。相反，存在个别非主流和反主流的极端网民借此作祟，采取以偏概全、扭曲抹黑等手法混淆视听，把舆论引向负面和反面，导致裹挟着不同价值观念的负面舆论和错误社会思潮在网络空间轮番登场，在一定程度上挤占了主流意识形态话语空间，使得网络主流意识形态在极端言论中面临被边缘化的风险。

部分网络意见领袖影响网络议程设置，削弱公众对主流意识形态话语的认同。随着信息技术的普及和表达权力的下移，互联网时代的信息生产方式也在发生变化，在网络信息传播中涌现出一批具有特殊影响力的意见领袖，他们凭借关注度或一定程度的技术优势抢占信息资源，进而拥有较大的网络话语权，在此背景下的意识形态工作强度也在不断加大。议程设置能力属于意识形态主体的基本能力范畴，是主流意识形态主导社会舆论和影响大众的重要方式之一。然而，在近年一些突发事件和公共议题上，网络意见领袖对于互联网议程设置的影响力不容小觑，他们往往能够影响舆论节奏和方向，引导众多网民参与到特定意识形态话语的论争中，并能够在短时间内形成舆论风暴，对网络意识形态的生成和传播起着牵引作用。其中，部分活跃在网络空间中的意见领袖是西方势力的代理人，他们利用一些网络媒体而迅速成名，有选择性地散布一些蛊惑群众、恶意诋毁党和政府形象的反动言论，成为网络意识形态论争程度加深的重要推手。同时，有的意见领袖出于商业利益，围绕一些社会热点事件、敏感话题或重大节日，设置能够博取大众眼球的议题，来制造、散布一些虚假的信息，炒作网络事件和诋毁英雄人物形象，利用网民的从众心理来诱发非理性的极端情绪，这无疑会扰乱人们对社会主义主流意识形态的认知和判断，甚至会导致公共信任资源的流失。网络空间虽有理性的反思与批判，但也夹杂着极端主观的情感宣泄与恶意诱导信息。如果正向的引领力量没有及时介入，政府公信力就会遭受质疑，正向的社会价值观和共同信仰就有可能被淡化。

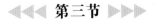

第三节

全媒体时代到来加大主流意识形态管控难度

伴随着信息社会不断发展，我国已步入全媒体时代，各类媒体充盈着我们的生活，而这也"出现了全程媒体、全息媒体、全员媒体、全效媒体，信息无处不在、无所不及、无人不用，导致舆论生态、媒体格局、传播方式发生深刻变化，新闻舆论工作面临新的挑战"①。尤其是随着自媒体等新兴媒体的发展，我国媒体格局不断扩大，传播方式日趋多样，舆论环境越来越复杂。随着全媒体技术的升级，诸多新风险也逐渐蔓延，极大地扰乱网络社会的正常秩序，汇聚在网络空间中的各类信息难以及时得到有效监管和控制，网络意识形态安全风险防控工作难度大大增加。

一、网络传播模式多样干扰主流意识形态传播

全媒体时代信息传播具有多元性和开放性的特点，多种传播渠道既满足个体差异化、个性化的信息需求，又加剧了圈层化、同质化现象，使得各种各样的社会思潮和意识形态在网络群体中相互激荡。在此背景下，各种网络新媒介的出现更是为多样化社会思潮的传播提供了更大空间，使得信息的生成和传播更加快速便捷，网络空间成为信息的集散地，我国主流意识形态的传播形势日趋复杂。

自媒体发展造成网络意识形态论争复杂化。近年来，主流媒体在意识形态管理格局中仍然是最重要的一极，但也应该关注到一些新的变化，尤其是自媒体的兴起。相关调查显示，在微信公众号影响力排行榜上，"人民日报""央视新闻"和"新华社"等主流媒体的新媒体平台仍然居于前列，但在这之后的许多主流媒体影响力多呈现下降的趋势，一些自媒体的影响力正在不断扩大。当前，自媒体已经超出了个体表达、自娱自乐的范

① 习近平. 加快推动媒体融合发展 构建全媒体传播格局 [J]. 求是，2019 (6).

围，成为影响整体舆论走向的重要力量，"很多人特别是年轻人基本不看主流媒体，大部分信息都从网上获取"①；并且大部分自媒体作者或团队已经和互联网传播平台之间达成合作，形成了一套相对完整的运行逻辑，这进一步加深了自媒体对网络意识形态传播的影响。一方面，网络空间通过自媒体传播的各类信息流通速度快、更迭性强，在极度多元化的网络信息中难免存在负面化舆论，阻碍着主流舆论的壮大传播。另一方面，自媒体的发展也为各种多元社会思潮传播提供了便捷渠道，给一些与主流意识形态相背离的错误社会思想在网上传播的机会，这在一定程度上削弱了主流意识形态在网络媒介中的议程设置能力，网络空间意识形态的复杂程度进一步加深。尤其是西方发达资本主义国家的享乐主义、拜金主义和极端个人主义的价值观念，以及新自由主义、民主社会主义、"普世价值"论等错误社会思潮随时都可能通过自媒体入侵，对网民产生潜移默化的不良影响，使主流意识形态的传播受到严重干扰。

传播结构的立体化和传播范围的扩大加大媒体融合难度，制约主流意识形态的有效传播。网络传媒的发展使得信息传播的结构和机制发生了根本变化，尤其是近年来人工智能、多维成像、物联网、大数据、虚拟仿真等数字技术迅猛发展，也使得信息传播不再受制于时空限制，传播的广度和时效性都不断提升。虽然这一现状满足了不同层次网民的不同需求，主流意识形态工作者也更容易接触和了解到各种思想和文化，但全媒体时代背景下传统媒体和新兴媒体、主流媒体和商业媒体等多类媒体共存，也给媒体融合发展带来了诸多挑战。就我国的网络意识形态现状而言，由于自

---

① 习近平关于全面深化改革论述摘编 [M]. 北京：中央文献出版社，2014：83.

媒体、新媒体的介入，网络空间舆论场中经常会出现针对突发事件的多维度、风暴式的传播和讨论。来自不同领域的商业信息、政务信息、文化信息、社会信息等多层次信息占据了网络空间中的大量思想和文化消费市场，在一定程度上抵消了主流意识形态的空间占有量。此外，全媒体时代信息传播的病毒式、传播过程的去中心化、传播内容的非专业性也导致整体舆论环境日趋复杂，有时人们获得的碎片话语信息甚至比主流意识形态传播速度快、影响范围广，有时"一张图、一段视频经由全媒体几个小时就能形成爆发式传播，对舆论场造成很大影响"[①]。例如在新冠疫情暴发初期，许多不实讯息或网络谣言就通过微信或微博大肆传播，给民众带来不必要的恐慌。当前，传统媒体与新兴媒体的融合力度不够，媒体间的合力尚未形成，制约着主流意识形态的传播效度和传播广度。

二、网络文化泛娱乐化破坏天朗气清网络空间

尼尔·波兹曼曾在其所著的《娱乐至死》一书中提出，媒介的形式在很大程度上决定着通过其传播的内容形态[②]。在 20 世纪 80 年代，电视是主要传播媒介。相较于更早的书籍报刊，电视节目以声像为主，已经开始呈现出泛娱乐化的特征。进入互联网时代，波兹曼的观点越发得到印证。网络传播呈现出碎片化、快餐化的特点，且越来越注重感官刺激。在这种媒介形态中，不管什么东西都能被解构戏说，人们的政治敏锐性被弱化、逻辑思考能力被消磨，进而很多严肃的事件也能演化成网络狂欢。习近平在文艺工作座谈会上指明："低俗不是通俗，欲望不代表希望，单纯感官娱乐不等于精神

---

① 习近平关于网络强国论述摘编［M］. 北京：中央文献出版社，2021：83.
② 波兹曼. 娱乐至死［M］. 章艳，译. 桂林：广西师范大学出版社，2011：4.

快乐。"① 网络文化的泛娱乐化带来的不仅是人文精神的失落与迷茫，更多的是造成了反对权威、抵触崇高的不良社会心理和网络文化氛围，弱化了多元主体协同治理的参与精神，不利于营造天朗气清的网络生态环境。

网络文化受到商业资本深度介入，加剧了网络空间去意识形态化。当前，资本掌控下的传播者在利益的驱动下，为了谋利而过分注重市场需求，放宽甚至是放弃了职业操守，批量化、模式化地制作浅层娱乐作品，对文化市场的娱乐化起到了推波助澜的作用。部分网站、微博、微信公众号等信息内容提供方，为了获得广告收益，夸张地使用标题、图片来博眼球、蹭热度，通过商业合作的方式来增加吸引力和关注度，导致标题党、审丑文化、盗用他人资料再加工、网络直播中违背公序良俗等不良现象层出不穷。在这个过程中，资本的注入使得综艺娱乐节目迅速崛起，一部分文化公司起到了推波助澜的作用，有的公司近年来不断更新内容生产方式，产出大量网络视频节目，也有的通过签约著名自媒体生产大量传媒内容。在资本的操控下，相当一部分语言类节目、综艺节目等都用一种"精神娱乐"的方式来获取受众关注。很多电视频道都加大娱乐类节目制作力度，一时间各种综艺娱乐节目纷纷上马，只为吸引大众眼球，从而获得巨大的广告收益。其中，有相当一部分互联网作品的内容处在灰色地带，特别懂得挑动观众的焦虑情绪和消费欲望，对一些涉及意识形态的话题进行模糊处理，为拜金主义、消费主义和极端个人主义等价值观念的蔓延提供了便利条件，对社会主义核心价值观产生冲击，不利于网络主旋律的弘扬与传播。

网络传播效率和接收终端的变革，为泛娱乐化传播提供了可能性。随着互联网对私人生活和公共空间的高度介入，碎片化、零散化、瞬时化的

① 习近平.在文艺工作座谈会上的讲话 [M].北京：人民出版社，2015：10.

信息取代了完整性、系统性、思想性的知识，使得网络传播颠覆了传统的传播秩序。在自媒体时代，网络已经成为全民消遣娱乐、尽情狂欢的数字化舞台。有相当部分的网络信息发布者乐于哗众取宠，其所传递的信息往往带有很强的主观倾向，很少涉及宏观的深层次思考，其结果是主流意识形态被遮蔽，而娱乐化、快餐式的消费方式使得网络空间呈现浮躁、低俗化的特性。尤其是青少年将大量的时间浪费在一些肤浅和低俗的娱乐环境中，会导致其缺乏独立思考和反思的能力，这也将进一步影响广大青少年正确的价值观以及崇高理想信念的确立，使得主流意识形态在网络空间的传播实效减弱。移动互联网的普及使得台式电脑、平板电脑、手机和车载广播设备等各种载体都可以作为信息接收的终端，使得娱乐信息的伴随性被不断放大，商业广告、花边新闻等娱乐信息可以通过多样化的移动接收设备传送至受众面前，并以图片、视频等各种生动的形式刺激受众的娱乐神经，从而大大促进了"泛娱乐化"传播的可能性出现，制约着主流意识形态在网络空间的传播实效。

◀◀◀ 第四节 ▶▶▶

构建网络综合治理体系以维护意识形态安全

习近平指出："网络空间已经成为人们生产生活的新空间，那就也应该成为我们党凝聚共识的新空间"①。在网络强国的视野下维护我国网络意识形态安全，需要构建网络综合治理体系，既发挥网络在推动经济社会发展和促成智慧生活方面的作用，又确保意识形态领域始终处于可管可控状态。为此，必须坚持马克思主义在网络意识形态领域的指导地位，抵制网络上的各类错误社会思潮，引导网络舆论顺应中国特色社会主义现代化建设的时代要求，为中国特色社会主义的繁荣发展积极发声，实现我国网络意识形态健康有序发展。

一、开展精准舆论引导和内容治理工作

党的二十届三中全会强调，在新的伟大征程中，要健全网络综合治理体系，"加强舆论引导，有效防范化解意识形态风险"②。网络空间意识形态安全建设必须重视以马克思主义引领思潮和舆论，研究构建主流网络意识形态话语权的实现途径，切实增强网络空间意识形态话语的权威性、凝聚力和说服力。

区分思想舆论问题性质，开展有针对性的舆论引导。网络空间的讨论始于公共议题的提出，终于公共议题的结束。议题的公共属性是确保舆论一致的必要前提，只有设置有利于主流意识形态传播的议题，才能有力推动网络空间主流意识形态话语权建设。在全球化、网络化的时代背景下，我国要始终坚持马克思主义在意识形态领域中的指导地位，努力做到议题设置与国家发展同步、与社会进步共振、与群众根本关切同心。坚持正面宣传和舆论斗争相统一，巩固全党全国人民团结奋斗的共同思想基础，营

---

① 习近平. 加快推动媒体融合发展 构建全媒体传播格局 [J]. 求是，2019 (6).
② 中共二十届三中全会在京举行 [N]. 人民日报，2024 - 07 - 19.

造既有序又活泼的舆论环境，形成有益于中国特色社会主义事业发展的良好舆论氛围。习近平指出，思想舆论领域存在红色、黑色和灰色"三个地带"，"对不同地带，要采取不同策略。对红色地带，要巩固和拓展，不断扩大其社会影响。对黑色地带，要勇于进入，钻进铁扇公主肚子里斗，逐步推动其改变颜色。对灰色地带，要大规模开展工作，加快使其转化为红色地带，防止其向黑色地带蜕变"①。思想舆论领域从来都不是非黑即白的，尤其是在重大社会转型时期，红、黑、灰多个地带杂糅共存，是历史常态，同时也是一种治理思路。2020 年 3 月 1 日起施行的《网络信息内容生态治理规定》所表现出的网络信息内容治理思路就是按照"三个地带"标准划分的，这份文件从鼓励、禁止和号召三个方面分别提出要求，成为解决思想舆论领域三个地带的问题的典范举措。

立足分众化传播的现状，通过创新话语方式实现精准传播。网络空间主流意识形态传播话语的转换，要有强烈的"用户"思维，协调主流意识形态话语特色和针对"用户"特点的针对性传播之间的关系。当代中国主流意识形态话语具有鲜明的特色，中国共产党关于自己的路线、纲领、政策等有一套明确稳定的政治话语。政治话语以严谨准确为第一追求，严肃准确的政治话语在传播主流意识形态的过程中发挥了重要作用，它并不必然引起人们的反感；对很多人而言，政治话语有其独特的魅力。同时，随着网民群体和网络信息内容生产的分化，必须充分考虑人民群众在知识结构、认知水平、接受方式、思维习惯等方面的差异。主流意识形态的传播话语要逐步从精英话语转向大众话语，从宣传话语转向互动话语，不断增

---

① 习近平关于社会主义文化建设论述摘编 [M]. 北京：中央文献出版社，2017：30.

强话语的说服力和感染力。要着眼信息网络时代大背景，适应网民思想行为方式的新变化，积极运用网络思维，抓好网上理论武装，挖掘网络信息资源，用好用活网络平台。主流意识形态在内容和话语方式等方面都要根据时代与实践的需要进行创新。

二、适应新形势的党管媒体和媒体融合

坚持党管媒体不动摇，推动媒体深度融合发展，增强意识形态协同力。"准确、权威的信息不及时传播，虚假、歪曲的信息就会搞乱人心；积极、正确的思想舆论不发展壮大，消极、错误的言论观点就会肆虐泛滥。"① 党管媒体原则是由我们的政治制度和媒体性质决定的，它要求我们把正确导向要求贯穿到网络意识形态工作各领域和全过程。党管媒体不是只管党报党刊，而是要将所有具有媒体属性和舆论动员功能的传播平台纳入管理范围之中。政治家办报、正面宣传为主、重视媒体从业者的素质等，是我们在传统媒体管理中积累的宝贵经验，应该继续坚持；同时，很多网络平台已经和生产生活联系在一起，成为一种集生产工具、生活工具、传播工具为一体的复合媒体，比如以百度、腾讯、阿里巴巴为代表的互联网平台企业广泛涉及各个行业，其业务延伸至组织生产、市场营销、信息流通等各个领域，对这种媒体的管理需要我们发挥更多的想象力和智慧；同时，我们也要不断创新党对媒体的管理，尤其是推动媒体融合，加强全媒体传播体系建设，塑造主流舆论新格局②。目前，我国的媒体融合

---

① 习近平.加快推动媒体融合发展 构建全媒体传播格局［J］.求是，2019（6）.

② 习近平.高举中国特色社会主义伟大旗帜 为全面建设社会主义现代化国家而团结奋斗：在中国共产党第二十次全国代表大会上的报告［M］.北京：人民出版社，2022：44.

发展程度还不高，迫切需要加强网络舆论宣传阵地建设，大力打造具有核心竞争力和重大影响力的网络空间传播平台体系。

自媒体的涌现对维护意识形态安全既是挑战也是机遇。针对自媒体对传统意识形态管理格局的冲击，我们要重视主流媒体的建设，发挥主流媒体在意识形态传播中的"主渠道"作用，同时也应该看到，在激活意识形态工作中的"微循环"上我们大有可为。"很多普通人都愿意扮演思想政治工作者的角色。他们意识到这项工作的重要性，并觉得自己也应承担部分义务，而且在承担这样的工作时又具有一种自豪感。"[①] 自媒体并不都是解构性的力量，很多自媒体其实在以新潮的方式做着维护主流意识形态领导权的事，只是方式不同。有的自媒体以民间视角向国外介绍中国文化，有的自媒体进行中外历史、政治、经济各个方面的科普性工作，既起到知识传播的作用，也在对比中让人认识到中国特色社会主义建设的成就；有的自媒体通过舆论监督的方式对一些社会发展不完善之处进行批评，起到社会减压阀的作用。当然，网络空间中的自媒体鱼龙混杂，我们需要提供一系列制度保障、激励机制、管理规范，鼓励、培育、引导、规范自媒体的内容生产。既然"每个人都有麦克风"，那就应该大家共同参与意识形态建设，在党的坚强领导下，"巩固壮大奋进新时代的主流思想舆论"[②]。

三、建立维护意识形态安全的技术保障

互联网技术上的差距会威胁国家意识形态安全。我们需要通过创新网

[①]　刘建军. 论思想政治教育的主渠道与微循环 [J]. 思想理论教育，2014 (9).

[②]　习近平. 高举中国特色社会主义伟大旗帜 为全面建设社会主义现代化国家而团结奋斗：在中国共产党第二十次全国代表大会上的报告 [M]. 北京：人民出版社，2022：43.

络技术，利用先进技术识别意识形态领域的风险，掌握意识形态工作的主动权。以近几年关于 5G 技术的竞争为例，一些国家对华为等中国科技企业的封堵，尽管并不完全出于意识形态方面的理由，却一定会带来相关影响，因为 5G 技术的主导权直接影响一个国家在经济、政治、意识形态等各个方面的影响力。互联网技术上的差距很容易形成意识形态风险，习近平指出："从美国的'棱镜'、'X—关键得分'等监控计划看，他们的互联网活动能量和规模远远超出了世人想象。在互联网这个战场上，我们能否顶得住、打得赢，直接关系我国意识形态安全和政权安全。"[①] 这些年，我们国家在互联网技术上已经取得了不少成绩，但在一些核心技术上还和一些国家存在差距；同时，我们拥有最庞大的互联网产品市场和广大的用户，时刻生产着关乎国家意识形态的数据。两个因素叠加起来，使得我们更有必要重视技术差距对意识形态安全的影响。

网络技术的发展与意识形态安全有关，但技术的进步又是和产业、市场等离意识形态较远的领域有关，这更加要求我们要立足网络强国建设来思考意识形态安全问题。"十四五"规划纲要提出，要围绕强化数字转型、智能升级、融合创新支撑，布局建设信息基础设施、融合基础设施、创新基础设施等新型基础设施。因此，要遵循网络空间发展规律，制定网络空间基础技术、通用技术、非对称技术、"杀手锏"技术、前沿技术、颠覆性技术等方面的技术标准，推进我国网络基础设施技术的突破性发展。先进技术的运用离不开先进的技术人才队伍，"网络空间的竞争，归根结底是人才竞争"[②]。人是网络空间信息生产、传播、共享、使用的主体。做好

---

① 习近平关于社会主义文化建设论述摘编 [M]. 北京：中央文献出版社，2017：29.

② 习近平. 在网络安全和信息化工作座谈会上的讲话 [M]. 北京：人民出版社，2016：23.

网络意识形态工作，需要把人才资源汇聚起来，切实提高领导干部用网治网水平，努力建设一支既掌握意识形态工作方式方法，又具有全面的马克思主义理论素养，还懂得网络技术的专业性复合人才队伍。只有这样，主流意识形态才能真正占领互联网意识形态阵地，才能真正巩固好新征程中的网络意识形态安全。

四、确立维护意识形态安全的法治思维

习近平指出，网络空间不是"法外之地"，"要坚持依法治网、依法办网、依法上网，让互联网在法治轨道上健康运行"①。党的十八大以来，中国特色社会主义法治体系不断健全，法治中国建设迈出坚实步伐，依法治国总体格局基本形成。新的历史方位下，"必须更好发挥法治固根本、稳预期、利长远的保障作用，在法治轨道上全面建设社会主义现代化国家"②。在网络意识形态领域，尤其要发挥好法治思维和法律手段对网络舆论的规范和引导作用。依照法治思维和法律手段引导舆论，主要是针对已经在法律上侵权的舆论事件。以法治思维和方式引导舆论有比较明显的优点，即对舆论中某种倾向的认定更加科学、规范、合法化，通常来讲也能够实现定性和定量的集合，在之后的同类舆情事件上具有示范意义。随着新媒体技术的不断发展，网络舆论在传播中形成了一些灰色地带，尤其需要引导。习近平指出："互联网不是法外之地。利用网络鼓吹推翻国家政权，煽动宗教极端主义，宣扬民族分裂思想，教唆暴力恐怖活动，等等，

---

① 习近平. 在第二届世界互联网大会开幕式上的讲话 [N]. 人民日报，2015-12-17.
② 习近平. 高举中国特色社会主义伟大旗帜 为全面建设社会主义现代化国家而团结奋斗：在中国共产党第二十次全国代表大会上的报告 [M]. 北京：人民出版社，2022：40.

这样的行为要坚决制止和打击，决不能任其大行其道。"① "形成良好网上舆论氛围，不是说只能有一个声音、一个调子，而是说不能搬弄是非、颠倒黑白、造谣生事、违法犯罪，不能超越了宪法法律界限。"② 通过建设法治社会，也能够对网络空间的意识形态治理起到保障作用。《法治社会建设实施纲要（2020—2025 年）》指出："坚持依法治网和以德润网相结合，弘扬时代主旋律和社会正能量。加强和创新互联网内容建设，实施社会主义核心价值观、中华文化新媒体传播等工程。提升网络媒介素养，推动互联网信息服务领域严重失信'黑名单'制度和惩戒机制，推动网络诚信制度化建设。坚决依法打击谣言、淫秽、暴力、迷信、邪教等有害信息在网络空间传播蔓延，建立健全互联网违法和不良信息举报一体化受理处置体系。"③ 要实现上述目标，就需要明确网络空间各方的权利和义务。互联网企业作为重要的网络行为主体，在网络空间法治建设的过程中应该更多地承担社会责任。"依法治理网络空间，维护公民合法权益"④。网络空间法治化过程要与人民利益紧密结合，在法律上明确个人在网络时代的权利、责任和义务，在规范个人在网络空间的行为、维护国家意识形态安全的同时，确保每个公民享有合法权益和智慧生活。

---

① 习近平. 在网络安全和信息化工作座谈会上的讲话 [M]. 北京：人民出版社，2016：8.
② 同①9.
③ 法治社会建设实施纲要（2020—2025 年）[M]. 北京：中国法制出版社，2020：17 - 18.
④ 习近平谈治国理政：第 1 卷 [M]. 北京：外文出版社，2018：199.

||||||||||||||||||||||||||| 结　语 |||||||||||||||||||||||||||

　　"当前和今后一个时期是以中国式现代化全面推进强国建设、民族复兴伟业的关键时期。"① 社会主义现代化新征程是建立在中国共产党团结带领亿万人民不懈奋斗所积累的雄厚物质基础上的。正如习近平指出的："经过新中国成立以来特别是改革开放40多年的不懈奋斗，我们已经拥有开启新征程、实现新的更高目标的雄厚物质基础。"② 站在接续历史新的更高起点上，必须不断夯实、充分利用开启新征程的条件和基础，还要准确把握和持续推进中国式现代化。同西方国家实现现代化不同，我国实现现代化是工业化、信息化、城镇化、农业现代化叠加发展的"并联式"过程，由此决定了这一进程必然是人类历史上前所未有的大变革，也意味着新征程必然充满荆棘，我国意识形态安全必然面临错综复杂的问题。这要求重视意识形态建设，在维护意识形态安全的过程中推动社会主义现代化进程。除了考察中国共产党走好新时代的长征路过程中面临的意识形态安全问题、我国建设现代化经济体系过程中面临的意识形态安全问题、深化改革开放过程中的意识形态安全问题、世界百年未有之大变局中的意识形态安全问题、互联网治理体系现代化进程中的意识形态安全问题，还要紧紧抓住大有可为的历史机遇期，争取大有作为。

　　紧紧抓住大有可为的历史机遇期，需要从战略性、全局性高度出发，充分研判百年未有之大变局中蕴含的机遇与挑战，推动变局向有利的方向发展。应当说，我国目前正处于一个大有可为的历史机遇期，发展形势总体向好，机遇和挑战同在，且机遇和挑战都有新变化，但总的来说机遇大

---

　　① 中共中央关于进一步全面深化改革 推进中国式现代化的决定［M］. 北京：人民出版社，2024：2.

　　② 深入学习坚决贯彻党的十九届五中全会精神 确保全面建设社会主义现代化国家开好局［N］. 人民日报，2021-01-12.

于挑战。这就要求，我们必须立足国内国际两个大局，正确研判发展机遇，深刻认识错综复杂的国际环境带来的新矛盾新挑战，"准确识变、科学应变、主动求变，善于在危机中育先机、于变局中开新局"①。最主要的就是深入分析世界转型过渡期国际形势的演变规律，准确把握历史交汇期我国外部环境的基本特征，"既要把握世界多极化加速推进的大势，又要重视大国关系深入调整的态势。既要把握经济全球化持续发展的大势，又要重视世界经济格局深刻演变的动向。既要把握国际环境总体稳定的大势，又要重视国际安全挑战错综复杂的局面。既要把握各种文明交流互鉴的大势，又要重视不同思想文化相互激荡的现实"②。在分析国际形势与中国发展机遇的过程中，研判影响意识形态安全的风险点与危机源，继而顺应时代发展大势，提升我国意识形态国际话语权。

紧紧抓住大有可为的历史机遇期，需要严守思想防线，掌握意识形态工作主动权。我们在集中精力利用世界百年未有之大变局的正面因素推进中华民族伟大复兴时，一刻也不能放松和削弱意识形态工作，因为"一个政权的瓦解往往是从思想领域开始的，政治动荡、政权更迭可能在一夜之间发生，但思想演化是个长期过程。思想防线被攻破了，其他防线就很难守住"③。在这方面，国内国外都有过深刻教训。如苏联的解体。"苏联为什么解体？苏共为什么垮台？一个重要原因就是意识形态领域的斗争十分激烈，全面否定苏联历史、苏共历史，否定列宁，否定斯大林，搞历史虚

---

① 中共中央关于制定国民经济和社会发展第十四个五年规划和二〇三五年远景目标的建议 [N]. 人民日报，2020-11-04.

② 习近平在中央外事工作会议上强调 坚持以新时代中国特色社会主义外交思想为指导 努力开创中国特色大国外交新局面 [N]. 人民日报，2018-06-24.

③ 习近平关于社会主义文化建设论述摘编 [M]. 北京：中央文献出版社，2017：21.

无主义，思想搞乱了，各级党组织几乎没任何作用了，军队都不在党的领导之下了。最后，苏联偌大一个党就作鸟兽散了，苏联偌大一个社会主义国家就分崩离析了。这是前车之鉴啊！"[①] 鉴于此，我们在推进全面建设社会主义现代化国家新征程的过程中，必须加大在意识形态建设方面的力量投入，既要以习近平新时代中国特色社会主义思想为指引，以坚持和完善中国特色社会主义制度、推进国家治理体系和治理能力现代化为重要指归，又要同一切非社会主义意识形态争夺思想阵地，开展舆论斗争，尽快掌握舆论战场上的主动权，不能被边缘化。

　　紧紧抓住大有可为的历史机遇期，需要增强忧患意识，注意防范意识形态领域里出现的新风险，尤其是"黑天鹅""灰犀牛"事件带来的潜在意识形态安全问题。"十四五"规划是开启全面建设社会主义现代化国家新征程的第一个五年规划。从目前的形势来看，我们走得比较稳妥，"十四五"新局开得也比较好，中间遇到一些困难，2025 年面临收官，但越是这种时候，越是要有如履薄冰的谨慎和居安思危的忧患。习近平多次强调："面对波谲云诡的国际形势、复杂敏感的周边环境、艰巨繁重的改革发展稳定任务，既要有防范风险的先手，也要有应对和化解风险挑战的高招；既要打好防范和抵御风险的有准备之战，也要打好化险为夷、转危为机的战略主动战。"[②] "备豫不虞，为国常道。"当前，我国面临着社会风险复杂交织的严峻形势，安全生产形势仍处在爬坡过坎期，极端天气和难以预料的不确定风险日益增多，各种"黑天鹅""灰犀牛"事件随时可能发生。如何避免这些突发事件出现及其造成的重大损失，如何在不确定的环

---

① 习近平. 关于坚持和发展中国特色社会主义的几个问题［J］. 求是，2019（7）.
② 习近平新时代中国特色社会主义思想三十讲［M］. 北京：学习出版社，2018：133 - 134.

境中寻找机会应对与防范其带来的风险，这是新征程中意识形态安全建设不得不面对的重大课题。

　　紧紧抓住大有可为的历史机遇期，需要勠力同心、乘势而上，接续奋斗在维护意识形态安全的新征程中。鉴于社会主义现代化新征程是建立在全面建成小康社会的基础上、接续推进新时代"两步走"战略安排的新征程，新征程中的意识形态问题错综复杂，因此，需要在中国共产党的领导下，动员全社会力量，破解难题，走好新征程。一是中国共产党要发挥总揽全局、协调各方的作用，"着力提高党把方向、谋大局、定政策、促改革的能力和定力，善于处理各种复杂矛盾，勇于战胜各种艰难险阻，牢牢把握工作主动权，把党总揽全局、协调各方落到实处"①，还要发扬自我革命的精神，自觉克服个人主义、自由主义、本位主义等错误思想的侵袭，应对好意识形态领域的风险挑战。二是教育工作者、文艺工作者、新闻舆论工作者等要做好宣传思想工作，既开展正面宣传，又不放弃舆论斗争，巩固马克思主义在意识形态领域的指导地位，巩固全党全国人民团结奋斗的共同思想基础。三是激发全体社会成员参与意识形态建设的积极性和主动性。不仅要引导、培育和强化人们对社会主义意识形态所倡导的思想理论、理想信念、道德准则、价值取向等内容的自觉认同和积极拥护，还要启发民众自觉拿起"批判的武器"开展意识形态斗争，参与意识形态建设。唯有如此，才能维护好意识形态安全，才能全面建设社会主义现代化国家，才能全面推进中华民族伟大复兴。

---

① 习近平新时代中国特色社会主义思想三十讲［M］. 北京：学习出版社，2018：82.

参考文献

[1] 马克思恩格斯文集：第 1 卷 [M]. 北京：人民出版社，2009.

[2] 马克思恩格斯文集：第 4 卷 [M]. 北京：人民出版社，2009.

[3] 毛泽东传：第 1 册 [M]. 北京：中央文献出版社，2011.

[4] 邓小平文选：第 3 卷 [M]. 北京：人民出版社，1993.

[5] 江泽民文选：第 3 卷 [M]. 北京：人民出版社，2006.

[6] 习近平谈治国理政：第 1 卷 [M]. 北京：外文出版社，2018.

[7] 习近平谈治国理政：第 2 卷 [M]. 北京：外文出版社，2017.

[8] 习近平谈治国理政：第 3 卷 [M]. 北京：外文出版社，2020.

[9] 习近平新时代中国特色社会主义思想学习纲要 [M]. 北京：学习出版社，人民出版社，2019.

[10] 习近平新时代中国特色社会主义思想三十讲 [M]. 北京：学习出版社，2018.

[11] 习近平关于总体国家安全观论述摘编 [M]. 北京：中央文献出版社，2018.

[12] 习近平关于社会主义政治建设论述摘编 [M]. 北京：中央文献出版社，2017.

［13］习近平关于社会主义经济建设论述摘编［M］. 北京：中央文献出版社，2017.

［14］习近平关于社会主义文化建设论述摘编［M］. 北京：中央文献出版社，2017.

［15］习近平关于网络强国论述摘编［M］. 北京：中央文献出版社，2021.

［16］习近平. 在庆祝中国共产党成立 100 周年大会上的讲话［M］. 北京：人民出版社，2021.

［17］习近平. 在庆祝改革开放 40 周年大会上的讲话［M］. 北京：人民出版社，2018.

［18］习近平. 在纪念马克思诞辰 200 周年大会上的讲话［M］. 北京：人民出版社，2018.

［19］习近平. 在企业家座谈会上的讲话［M］. 北京：人民出版社，2020.

［20］习近平. 在文艺工作座谈会上的讲话［M］. 北京：人民出版社，2015.

［21］习近平. 在网络安全和信息化工作座谈会上的讲话［M］. 北京：人民出版社，2016.

［22］习近平. 决胜全面建成小康社会 夺取新时代中国特色社会主义伟大胜利：在中国共产党第十九次全国代表大会上的报告［M］. 北京：人民出版社，2017.

［23］十八大以来重要文献选编：上［M］. 北京：中央文献出版社，2014.

［24］十八大以来重要文献选编：下［M］. 北京：中央文献出版社，2018.

［25］法治社会建设实施纲要（2020—2025 年）［M］. 北京：中国法制出版社，2020.

［26］中共中央关于党的百年奋斗重大成就和历史经验的决议［M］. 北京：人民出版社，2021.

［27］中共中央关于进一步全面深化改革 推进中国式现代化的决定［M］. 北京：人民出版社，2024.

［28］习近平. 高举中国特色社会主义伟大旗帜 为全面建设社会主义现代化国家而团结奋斗：在中国共产党第二十次全国代表大会上的报告［M］. 北京：人民出版社，2022.

［29］习近平. 国家中长期经济社会发展战略若干重大问题［J］. 求是，2020（21）.

［30］习近平. 共同构建人类命运共同体［J］. 求是，2020（1）.

［31］习近平. 把握新发展阶段，贯彻新发展理念，构建新发展格局［J］. 求是，2021（9）.

［32］习近平. 加快推动媒体融合发展 构建全媒体传播格局［J］. 求是，2019（6）.

［33］习近平. 在全国党校工作会议上的讲话［J］. 求是，2016（9）.

［34］中共十九届六中全会在京举行［N］. 人民日报，2021-11-12.

［35］中共中央关于制定国民经济和社会发展第十四个五年规划和二〇三五年远景目标的建议［N］. 人民日报，2020-11-04.

［36］习近平. 关于《中共中央关于制定国民经济和社会发展第十四

个五年规划和二〇三五年远景目标的建议》的说明 [N]. 人民日报，2020 - 11 - 04.

[37] 习近平. 在纪念中国人民抗日战争暨世界反法西斯战争胜利 75 周年座谈会上的讲话 [N]. 人民日报，2020 - 09 - 04.

[38] 习近平. 举旗帜聚民心育新人兴文化展形象 更好完成新形势下宣传思想工作使命任务 [N]. 人民日报，2018 - 08 - 23.

[39] 习近平. 加强政党合作 共谋人民幸福：在中国共产党与世界政党领导人峰会上的主旨讲话 [N]. 人民日报，2021 - 07 - 07.

[40] 习近平. 同舟共济克时艰 命运与共创未来：在博鳌亚洲论坛 2021 年年会开幕式上的视频主旨演讲 [N]. 人民日报，2021 - 04 - 21.

[41] 习近平在中央外事工作会议上强调 坚持以新时代中国特色社会主义外交思想为指导 努力开创中国特色大国外交新局面 [N]. 人民日报，2018 - 06 - 24.

[42] 习近平. 在第二届世界互联网大会开幕式上的讲话 [N]. 人民日报，2015 - 12 - 17.

[43] 下好先手棋 打好主动仗：习近平总书记关于防范化解重大风险重要论述综述 [N]. 人民日报，2021 - 04 - 15.

[44] 在新时代创造新的更大奇迹：庆祝改革开放 40 周年 [N]. 人民日报，2018 - 12 - 18.

[45] 深入学习坚决贯彻党的十九届五中全会精神 确保全面建设社会主义现代化国家开好局 [N]. 人民日报，2021 - 01 - 12.

[46] 全面贯彻落实总体国家安全观 开创新时代国家安全工作新局面 [N]. 人民日报，2018 - 04 - 18.

［47］习近平. 抓住世界经济转型机遇 谋求亚太更大发展：在亚太经合组织工商领导人峰会上的主旨演讲［N］. 人民日报，2017－11－11.

［48］坚持总体国家安全观 走中国特色国家安全道路［N］. 人民日报，2014－04－16.

后 记

意识形态工作是为国家立心、为民族立魂的工作，它关系党的执政地位和执政安全，关系国家长治久安和民族前途命运。党的十八大以来，以习近平同志为核心的党中央从战略全局高度，就意识形态领域许多根本性、方向性、战略性问题作出部署，有力推动我国意识形态领域形势发生了全局性、根本性的转变。开启全面建设社会主义现代化国家的新征程，必须在现有基础上，增强忧患意识，始终居安思危，贯彻总体国家安全观，推动意识形态工作迈向新高度。

为深入学习贯彻习近平新时代中国特色社会主义思想和党的二十大、二十届二中全会、二十届三中全会精神，深入贯彻落实习近平总书记关于意识形态安全工作的重要论述精神，本书聚焦社会主义现代化新征程中的意识形态安全再版修订，从百年大党思想建设、现代化经济体系建设、全面深化改革开放、世界百年未有之大变局以及网络强国建设等多个维度出发，对社会主义现代化新征程中的意识形态安全问题及其应对策略进行了系统的学理探索，以期为做好新时代意识形态工作提供理论助益。

本书由王易主持修订，并负责统稿和定稿。具体写作分工如下：

导言，王易、单文鹏；第一章，宋健林；第二章，杜玥；第三章，陈雨萌；第四章，朱小娟、田雨晴；第五章，王凡；第六章，常宴会、肖敏淇；结语，王易、单文鹏。

感谢中国人民大学科研处和中国人民大学出版社的辛劳付出。限于视野、学识和能力，研究中难免出现不足之处，还望广大读者、同人不吝批评指正！

王易于中国人民大学

2024 年 8 月